GEOGRAFIA

ELIAN ALABI LUCCI
Bacharel e licenciado em Geografia pela Pontifícia Universidade Católica de São Paulo (PUC-SP)
Professor em escolas particulares
Diretor da Associação dos Geógrafos Brasileiros (AGB) — seção local Bauru-SP

ANSELMO LAZARO BRANCO
Licenciado em Geografia pelas Faculdades Associadas Ipiranga (FAI)
Professor em escolas particulares

São Paulo – 1ª edição – 2018

Direção geral: Guilherme Luz
Direção editorial: Luiz Tonolli e Renata Mascarenhas
Gestão de projeto editorial: Tatiany Renó
Gestão e coordenação de área: Wagner Nicaretta (ger.) e Brunna Paulussi (coord.)
Edição: Maria Luisa Nacca, Raquel Maygton Vicentini e Simone de Souza Poiani
Gerência de produção editorial: Ricardo de Gan Braga
Planejamento e controle de produção: Paula Godo (ger.), Roseli Said (coord.) e Marcos Toledo
Colaboração para desenvolvimento da seção *Conectando saberes*: Mauro César Brosso e Suzana Obara
Revisão: Hélia de Jesus Gonsaga (ger.), Kátia Scaff Marques (coord.), Rosângela Muricy (coord.), Ana Curci, Ana Paula C. Malfa, Arali Gomes, Celina I. Fugyama, Claudia Virgilio, Daniela Lima, Flavia S. Vênezio, Gabriela M. Andrade, Heloísa Schiavo, Larissa Vazquez, Lilian M. Kumai, Luciana B. Azevedo, Patricia Cordeiro, Patrícia Travanca, Raquel A. Taveira, Sueli Bossi e Vanessa P. Santos
Arte: Daniela Amaral (ger.), Claudio Faustino (coord.), Felipe Consales (edição de arte), Rodrigo Bastos Marchini e Karen Midori Fukunaga (edit. arte)
Diagramação: Arte Ação
Iconografia: Sílvio Kligin (ger.), Denise Durand Kremer (coord.), Daniel Cymbalista (pesquisa iconográfica)
Licenciamento de conteúdos de terceiros: Thiago Fontana (coord.), Angra Marques (licenciamento de textos), Erika Ramires e Claudia Rodrigues (analistas adm.)
Tratamento de imagem: Cesar Wolf e Fernanda Crevin
Ilustrações: Alex Silva, Dawidson França, Hagaquezart Estúdio, Helio Senatore, Jótah, Nid Arts, Selma Caparroz
Design: Gláucia Correa Koller (ger.), Erika Tiemi Yamauchi Asato (capa e proj. gráfico), Talita Guedes da Silva (capa)
Foto de capa: Djomas/Shutterstock
Ilustração de capa: Ideário Lab

Todos os direitos reservados por Saraiva Educação S.A.
Avenida das Nações Unidas, 7221, 1ª andar, Setor A –
Espaço 2 – Pinheiros – SP – CEP 05425-902
SAC 0800 011 7875
www.editorasaraiva.com.br

Dados Internacionais de Catalogação na Publicação (CIP)
(Câmara Brasileira do Livro, SP, Brasil)

```
Lucci, Elian Alabi
   Ligamundo : geografia 3º ano / Elian Alabi Lucci,
Anselmo Lazaro Branco. -- 1. ed. -- São Paulo :
Saraiva, 2018.

   Suplementado pelo manual do professor.
   Bibliografia.
   ISBN 978-85-472-3435-5 (aluno)
   ISBN 978-85-472-3436-2 (professor)

   1. Geografia (Ensino fundamental) I. Branco,
Anselmo Lazaro. II. Título.

18-16303                              CDD-372.891
```

Índices para catálogo sistemático:
1. Geografia : Ensino fundamental 372.891

Maria Alice Ferreira - Bibliotecária - CRB-8/7964

2021
Código da obra CL 800649
CAE 628063 (AL) / 628064 (PR)
1ª edição
8ª impressão

Impressão e acabamento: Bercrom Gráfica e Editora

Apresentação

Caro aluno,

Você já notou como as crianças menores que você perguntam "por quê" muitas vezes? "Por que isso? Por que aquilo? Por que é assim?"

Apesar de você já estar maior, continua querendo descobrir muitas coisas, não?

Como é o espaço ao seu redor e como são outros mais distantes? Por que as pessoas são diferentes? Será que elas vivem do mesmo jeito? De onde vêm os produtos que usamos e como eles são feitos? Por que dizem que o mundo está interligado? Por que há tantos problemas com a natureza?

São perguntas que já devem ter passado pela sua cabeça.

Este livro de Geografia é para crianças como você: curiosas e criativas. Ao utilizá-lo, com a orientação do professor e trocando ideias com os colegas, você será capaz de responder a muitas perguntas e descobrir muitas coisas.

Esperamos com isso ajudá-lo a compreender o mundo que o cerca e a participar dele.

Um excelente ano com muitas descobertas e realizações para você!

Os autores

Conheça seu livro

Este livro está dividido em nove unidades.

Abertura de unidade

Nesta seção você conhecerá o que vai aprender ao longo da unidade, além de conversar com os colegas sobre o que já sabem a respeito dos temas que serão estudados, a partir da leitura de imagens.

Vamos falar sobre...

Nesta seção você conversará com os colegas sobre atitudes e valores importantes para a sua formação como cidadão.

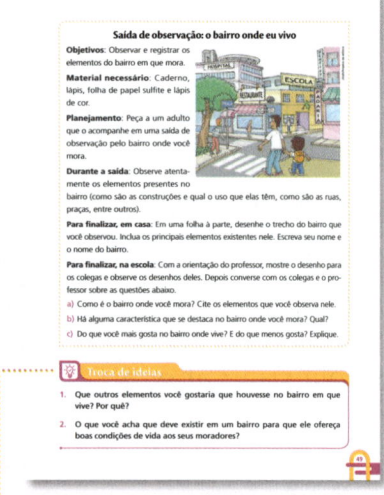

Glossário

Aqui você vai encontrar o significado das palavras destacadas no texto.

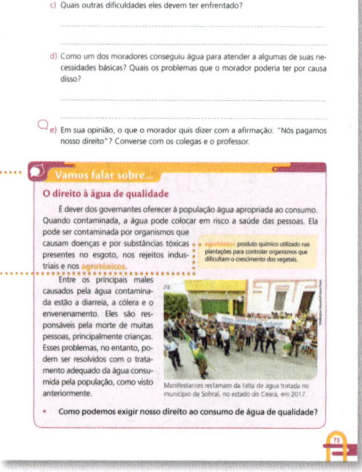

Troca de ideias

Nesta seção serão propostas perguntas para você refletir com os colegas, levando em consideração sua vivência, seu conhecimento e sua opinião sobre alguns dos temas estudados.

Conectando saberes

Nesta seção você relacionará um tema importante da unidade a outras áreas do conhecimento e a noções de cidadania.

4

Ampliar horizontes

Nesta seção você ampliará seus conhecimentos sobre alguns dos temas tratados.

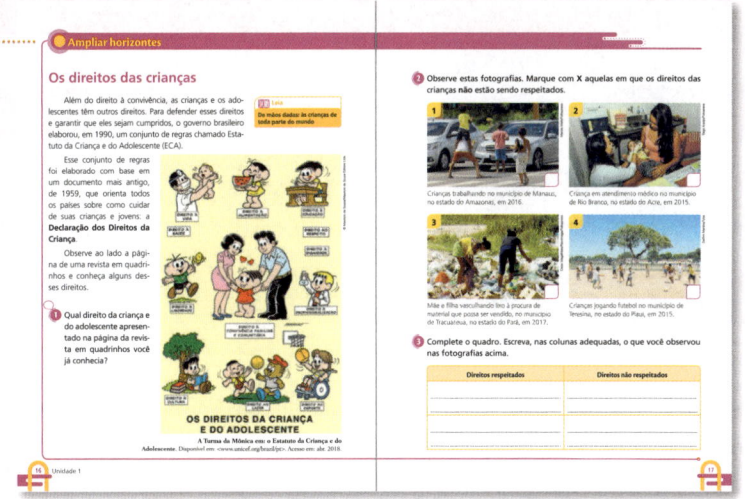

Vamos retomar

Nesta seção você encontrará atividades para retomar alguns temas estudados na unidade.

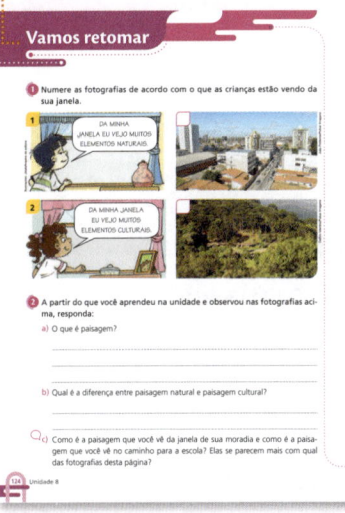

Representar o mundo

Nesta seção serão trabalhados conceitos e habilidades importantes para você aprender a linguagem da Cartografia.

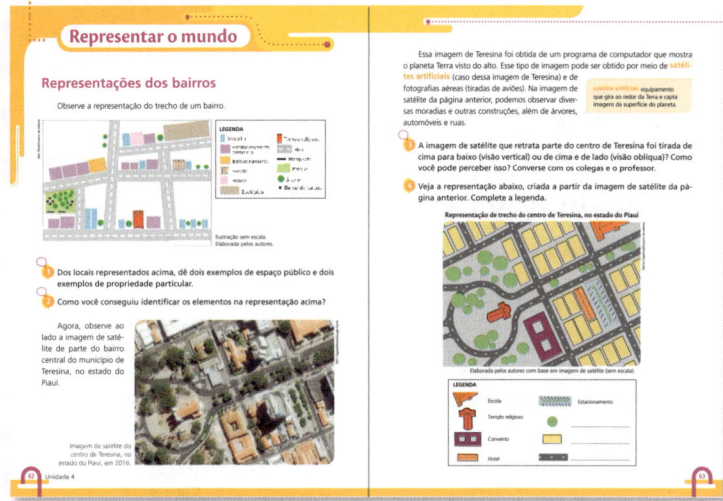

Autoavaliação

Nesta seção você vai verificar o que aprendeu na unidade e refletir sobre o que precisa melhorar.

Sugestões

Nesta seção há indicação de livros, *sites*, filmes e vídeos para você complementar seu estudo.

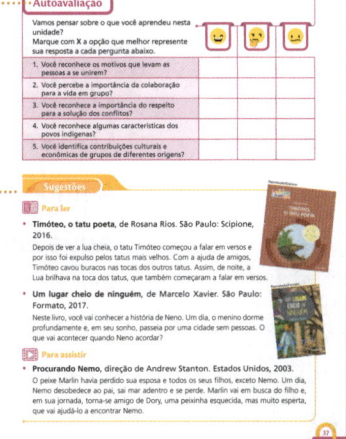

Ícones que indicam como realizar as atividades:

 Oral

 Em dupla

 Em grupo

 No caderno

Sumário

UNIDADE 1
Conviver – Os grupos 8
Sozinho ou em grupo 10
Os grupos são diferentes 12
   Grupo de amigos 12
   Grupo da escola 14
Conviver é importante 15
- Vamos falar sobre...
   O direito à convivência 15
- Ampliar horizontes
   Os direitos das crianças 16
- Representar o mundo
   A representação da sala de aula 18
- Vamos retomar 20
- Autoavaliação 21
- Sugestões 21

UNIDADE 2
A colaboração e o respeito às diferenças 22
Por que as pessoas se unem? 24
A colaboração nos grupos 26
Lidando com os conflitos 29
Respeito às diferenças 30
- Vamos falar sobre...
   Respeito aos povos indígenas ... 31
Outros grupos e suas contribuições 32

Conectando saberes
- O esporte fortalecendo os grupos 34
- Vamos retomar 36
- Autoavaliação 37
- Sugestões 37

UNIDADE 3
Os bairros 38
Os bairros têm história 40
   Os bairros se transformam 42
- Ampliar horizontes
   A história de um bairro 44
Diferentes tipos de bairro 46
Pontos de referência nos bairros 50
- Vamos falar sobre...
   Conservação das placas 53
- Vamos retomar 54
- Autoavaliação 55
- Sugestões 55

UNIDADE 4
Os espaços públicos e as propriedades particulares 56
Os espaços públicos dos bairros ... 58
- Vamos falar sobre...
   Direito ao lazer 59
As propriedades particulares dos bairros 60
- Representar o mundo
   Representações dos bairros 62
- Vamos retomar 64
- Autoavaliação 65
- Sugestões 65

UNIDADE 5
Os serviços públicos 66
A importância dos serviços públicos ... 68
Água encanada 70
- Vamos falar sobre...
   O direito à água de qualidade 73
Rede de esgotos 74
   Tratamento de esgoto 74
Energia elétrica 76

Coleta e destinação dos resíduos 77
    Para onde vão os resíduos que descartamos? 77
- Ampliar horizontes
    Reciclagem e reutilização de resíduos 78

Conectando saberes
- Resíduos e doenças 80
- Vamos retomar 82
- Autoavaliação 83
- Sugestões 83

UNIDADE 6
O trabalho 84
A importância do trabalho 86
    Trabalho indígena 88
- Vamos falar sobre...
    Colaboração entre homens e mulheres 89

O trabalho e as profissões 90
- Ampliar horizontes
    O trabalho das pessoas com deficiência 92
- Representar o mundo
    Uma forma de representar a cidade 94
- Vamos retomar 96
- Autoavaliação 97
- Sugestões 97

UNIDADE 7
O trabalho na cidade e no campo . . 98
Na cidade ou no campo? 100
O trabalho e os recursos da natureza . . . 103
O trabalho de povos e de comunidades tradicionais 106
    Quilombolas 106
    Caiçaras 107
    Seringueiros 107
    Ribeirinhos 108
    Castanheiros 108
- Vamos falar sobre...
    A importância da união das pessoas 109
- Vamos retomar 110
- Autoavaliação 111
- Sugestões 111

UNIDADE 8
As paisagens 112
Diferentes paisagens 114
As transformações das paisagens 116
Paisagens naturais e culturais 118
Paisagens e condições de vida 120
- Vamos falar sobre...
    Desigualdade social 120
- Representar o mundo
    Da maquete à representação plana 122
- Vamos retomar 124
- Autoavaliação 125
- Sugestões 125

UNIDADE 9
O ambiente 126
O ser humano e o ambiente 128
    Transformar sem destruir 129
Poluição 130
Desperdício 132
- Vamos falar sobre...
    Cuidar do ambiente 135
- Ampliar horizontes
    O lixo eletrônico 136

Reaproveitar em vez de descartar 138

Conectando saberes
- Água de todos e para todos 140
- Vamos retomar 142
- Autoavaliação 143
- Sugestões 143

Bibliografia 144

UNIDADE 1

Conviver – Os grupos

Nesta unidade você vai:

- Reconhecer que realizamos atividades sozinhos e em grupos.
- Reconhecer a importância da convivência em diferentes grupos.
- Concluir que os grupos dos quais participamos se diferenciam por vários motivos.
- Reconhecer que a convivência em grupo é um direito.
- Identificar os direitos das crianças.
- Interpretar representações de objetos e de um espaço em tamanho reduzido e na visão vertical.
- Elaborar legendas.

1. O que você observa em cada fotografia?

2. As crianças representadas nas fotografias participam das atividades sozinhas ou em grupo? Na sua opinião, elas conseguiriam realizar essas atividades se não estivessem organizadas dessa maneira? Explique.

3. Podemos deduzir que existe uma relação de amizade entre as crianças das fotografias. Você acha importante ter amigos? Por quê?

4. Em sua opinião, as fotografias representam situações nas quais os direitos das crianças estão sendo respeitados? Por quê? Você conhece outros direitos das crianças? Quais?

Amigos brincando de roda, no município de São Paulo, no estado de São Paulo, em 2015.

Sala de aula com crianças indígenas do povo Kaingang, na Reserva Indígena do Guarita, no município de Tenente Portela, no estado do Rio Grande do Sul, em 2014.

Sozinho ou em grupo

Daniel é um garoto de 8 anos. Assim como você, ele estuda em uma escola e faz várias atividades ao longo do dia. Veja, no quadro abaixo, uma lista que ele elaborou com as atividades realizadas durante o período da manhã em um dia da semana.

Atividades que fiz sozinho	Atividades que fiz com a participação de outras pessoas
Tomei café da manhã	Conversei com a professora e meus colegas sobre o problema da poluição na cidade.
Escovei os dentes.	Brinquei de bola com meus colegas na quadra da escola.
Tomei banho.	Fiz um trabalho em grupo sobre poluição.
Coloquei a roupa para ir à escola.	Comi um lanche com meus colegas na escola.
Fiz os exercícios do livro.	Voltei da escola com meu pai.

1 Agora, pense nas atividades que você realiza durante um dia da semana. Escolha um período (manhã ou tarde) e preencha o quadro abaixo.

Atividades que fiz sozinho	Atividades que fiz com a participação de outras pessoas

Ao preencher o quadro, você deve ter observado que faz muitas atividades sozinho. Várias delas, porém, você só consegue realizar com outras pessoas. Até mesmo as atividades que realizamos sozinhos, como tomar banho, só são possíveis graças ao trabalho de outras pessoas.

Isso acontece porque os seres humanos dependem uns dos outros para trocar ideias, se divertir, realizar um trabalho, entre tantas outras atividades. Sozinhas as pessoas não conseguiriam viver. Por isso, os seres humanos vivem em grupos.

Você provavelmente toma banho sozinho. Mas, para isso, usa água, sabonete, xampu, toalha e vários outros produtos e serviços que só existem graças ao trabalho de diversas pessoas. A casa e o banheiro também só existem porque alguém os construiu e os mantém funcionando.

Troca de ideias

1. De quais grupos você participa?

2. Que outros grupos você conhece?

3. Será que as pessoas participam sempre dos mesmos grupos? Esses grupos são sempre iguais? Explique sua opinião.

Os grupos são diferentes

As pessoas participam de muitos grupos. Esses grupos diferenciam-se por vários fatores, como a idade e os interesses das pessoas que fazem parte deles. Por exemplo, as crianças participam do grupo de amigos de brincadeiras de rua ou do condomínio. Já os adultos, do grupo de colegas do trabalho.

Grupo de amigos

Além da família, que é o primeiro grupo do qual fazemos parte, ao longo da vida participamos de muitos outros, como os vários grupos de amigos que fazemos em diversos lugares. Observe as fotografias.

À esquerda, crianças kadiwéus que integram um grupo de amigos da aldeia Alves de Barros, no município de Porto Murtinho, no estado de Mato Grosso do Sul, em 2016. À direita, grupo de amigos jovens trabalhando como voluntários na montagem de nova unidade habitacional na comunidade quilombola do Quingoma, no município de Lauro de Freitas, no estado da Bahia, em 2015.

Grupo de amigas idosas jogando bocha no município de Blumenau, no estado de Santa Catarina, em 2015.

Um mesmo tipo de grupo – como o dos amigos de brincadeiras – pode apresentar diferenças entre si. Isso acontece por causa dos costumes das pessoas que formam esses grupos, do lugar onde vivem, das suas condições financeiras, entre outros motivos.

Veja as fotografias e observe as semelhanças e as diferenças entre elas.

Crianças brincam de escorregar em gramado, no município de Tefé, no estado do Amazonas, em 2017. Nessa brincadeira pode ser utilizado qualquer material que deslize sobre o gramado.

Crianças indígenas do povo Barasana brincam com folhas, no município de Manaus, no estado do Amazonas, em 2014. As crianças indígenas que vivem no campo utilizam em suas brincadeiras elementos do seu espaço de vivência.

Crianças brincam de pular corda no povoado de Lagoa do Boi, no município de Santaluz, no estado da Bahia, em 2014. Pular corda é uma brincadeira muito comum em diversos estados do Brasil. Ela pode ser acompanhada com canções.

1 Você conhece as brincadeiras retratadas? Quais?

2 Existe alguma brincadeira típica do lugar onde você vive? Se sim, diga o nome dela e como se brinca.

Grupo da escola

Na escola, outro importante grupo, também é possível fazer grandes amizades. Leia o texto a seguir.

Os amigos do Marcelo

Eu tenho uma porção de amigos.

Uns moram na minha rua, tem alguns que são da minha escola e tem outros que são filhos dos amigos dos meus pais. […]

Eu tenho um amigo na minha escola, e o nome dele é Armandinho. E ele é sempre juiz nos jogos de futebol.

A gente senta perto na classe e, às vezes, ele vem fazer a lição na minha casa. O que eu sei melhor, eu ensino a ele. O que ele sabe melhor, ele ensina pra mim.

Ele sabe mais coisas do que eu. Mas eu jogo basquete melhor que ele. E um não fica com raiva do outro por causa disso. […]

ROCHA, Ruth. **Os amigos do Marcelo**. São Paulo: Salamandra, 2012.

1 De quais grupos de amigos Marcelo faz parte?

2 Marcelo fala sobre a amizade com um amigo da escola.
a) Quem é ele?
b) O que eles fazem juntos?

3 Marcelo conta que aprende muito com seu amigo da escola, mas também o ensina bastante. E você:
a) o que aprendeu com um amigo?
b) o que ensinou a um amigo?

Troca de ideias

- Para você, o que é a escola? Pense no que você espera da escola e das pessoas com quem convive nesse grupo.

Conviver é importante

Observe esta fotografia.

Criança dormindo na rua em frente a um grafite no município de Salvador, no estado da Bahia, em 2014.

1 Que problemas a criança da fotografia pode enfrentar por se encontrar na situação retratada?

Ter uma família, ir à escola e conviver com amigos é importante para que as crianças possam crescer saudáveis e seguras. Essa convivência também permite a troca de experiências e conhecimentos. Por isso é um direito de todas as crianças. Os direitos das crianças, porém, nem sempre são respeitados, como observamos na fotografia acima.

Vamos falar sobre...

O direito à convivência

As crianças que, por algum motivo, não podem morar com seus pais biológicos, ou seja, aqueles que lhes deram a vida, têm direito a um abrigo ou a uma família substituta.

Esses grupos podem lhes oferecer afeto, proteção e educação e lhes garantir a convivência com amigos, colegas de escola e outras pessoas.

1. No lugar onde você vive, há crianças e adolescentes na situação retratada na fotografia desta página?

2. O que é necessário fazer para garantir a todas as crianças o direito à convivência familiar?

Ampliar horizontes

Os direitos das crianças

Além do direito à convivência, as crianças e os adolescentes têm outros direitos. Para defender esses direitos e garantir que eles sejam cumpridos, o governo brasileiro elaborou, em 1990, um conjunto de regras chamado Estatuto da Criança e do Adolescente (ECA).

 Leia
De mãos dadas: às crianças de toda parte do mundo

Esse conjunto de regras foi elaborado com base em um documento mais antigo, de 1959, que orienta todos os países sobre como cuidar de suas crianças e jovens: a **Declaração dos Direitos da Criança**.

Observe ao lado a página de uma revista em quadrinhos e conheça alguns desses direitos.

1. Qual direito da criança e do adolescente apresentado na página da revista em quadrinhos você já conhecia?

A Turma da Mônica em: o Estatuto da Criança e do Adolescente. Disponível em: <www.unicef.org/brazil/pt>. Acesso em: abr. 2018.

2 Observe estas fotografias. Marque com **X** aquelas em que os direitos das crianças **não** estão sendo respeitados.

Crianças trabalhando no município de Manaus, no estado do Amazonas, em 2016.

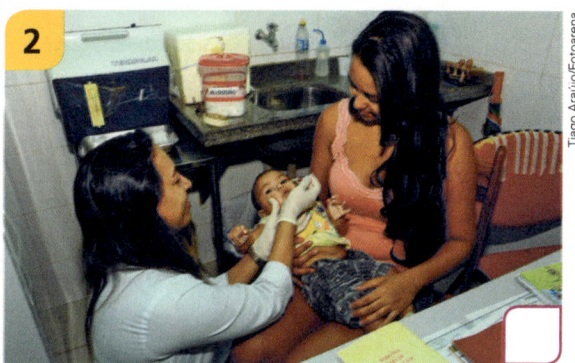
Criança em atendimento médico no município de Rio Branco, no estado do Acre, em 2015.

Mãe e filha vasculhando lixo à procura de material que possa ser vendido, no município de Tracuateua, no estado do Pará, em 2017.

Crianças jogando futebol no município de Teresina, no estado do Piauí, em 2015.

3 Complete o quadro. Escreva, nas colunas adequadas, o que você observou nas fotografias acima.

Direitos respeitados	Direitos não respeitados

17

Representar o mundo

A representação da sala de aula

A sala de aula é o lugar em que você e seu grupo de colegas de classe passam a maior parte do tempo quando estão na escola. Observe esta ilustração de uma sala de aula.

1. Que visão essa representação oferece? Marque com **X**.

    ☐ De cima para baixo (visão vertical).

    ☐ De cima e de lado (visão oblíqua).

2. Uma planta é a representação, em tamanho reduzido, proporcionalmente, de um espaço visto de cima para baixo, ou seja, na visão vertical. A ilustração acima pode ser chamada de planta? Marque com **X**.

    ☐ Não, pois não oferece uma visão vertical.

    ☐ Sim, pois oferece uma visão vertical.

3 Observe alguns objetos da ilustração da sala de aula da página ao lado na visão vertical. Que objetos são esses?

Ilustrações: Nid Arts/ Arquivo da editora

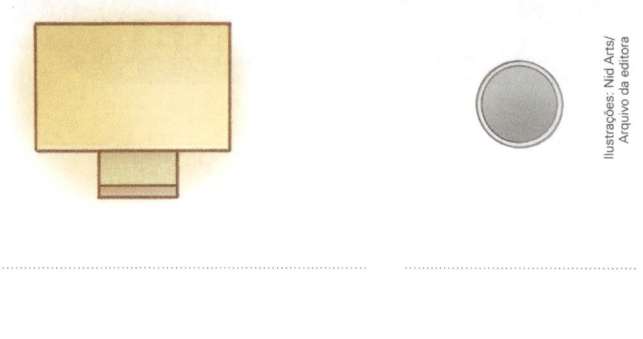

4 Observe sua sala de aula e faça o que se pede.

a) No espaço em branco abaixo, desenhe a figura que tem o formato de sua sala.

b) Identifique os móveis e os objetos existentes na sala.

c) Como os móveis e os outros elementos estão dispostos na sala?

5 **Agora, em uma folha à parte, faça uma representação da sua sala de aula na visão vertical.**

a) Desenhe o contorno da sala e, depois, os móveis e outros objetos.

b) Indique onde ficam a porta e as janelas.

c) Pinte cada tipo de móvel com uma cor.

d) Crie uma legenda com as cores utilizadas para representar cada elemento da sala de aula, assim:

- desenhe um quadradinho para cada cor que você usou ao colorir os móveis;
- escreva o nome do elemento representado ao lado desse quadradinho.

Vamos retomar

1 Observe a ilustração e responda às questões.

a) Qual grupo está representado na ilustração?

_____

b) Que elementos você observa no local onde esse grupo está reunido?

_____

_____

_____

c) Agora, imagine esse local visto de cima para baixo. Como ele seria? Em uma folha à parte, represente-o. Faça uma legenda para a sua representação.

2 Escolha um grupo do qual os alunos da sua turma participam, além do grupo escolar. Converse com os colegas sobre semelhanças e diferenças que vocês observam nesse grupo.

3 Escolha um direito das crianças. Em uma folha à parte, faça um desenho para representá-lo. Escreva seu nome, o direito representado e apresente seu desenho aos colegas e ao professor.

Unidade 1

Autoavaliação

Vamos pensar sobre o que você aprendeu nesta unidade?
Marque com **X** a opção que melhor represente sua resposta a cada pergunta abaixo.

	😄	🤔	🙂
1. Você reconhece que, das atividades que realizamos, umas fazemos sozinhos e outras fazemos em grupo?			
2. Você reconhece a importância da convivência em diferentes grupos?			
3. Você concluiu que os grupos dos quais participamos são diferentes por vários motivos?			
4. Você reconhece que a convivência em grupo é um direito?			
5. Você identifica os direitos das crianças?			
6. Você conseguiu interpretar representações de objetos e de um espaço em tamanho reduzido e na visão vertical (de cima para baixo)?			
7. Você é capaz de elaborar legendas?			

Sugestões

 Para ler

- **Apostado!**, de Fanny Abramovich. São Paulo: Atual, 2009.

  Este livro mostra uma turma de alunos que sempre competia entre si para provar quem eram os mais espertos: os meninos ou as meninas. Até que, no final do ano, uma gincana entre as classes conseguiu unir a turma como nunca.

- **De mãos dadas: às crianças de toda parte do mundo**, de Ingrid Biesemeyer Bellinghausen. São Paulo: DCL, 2014.

  Neste livro você aprende sobre os dez princípios da Declaração dos Direitos da Criança e a importância de eles serem plenamente respeitados.

UNIDADE 2
A colaboração e o respeito às diferenças

Nesta unidade você vai:

- Reconhecer os motivos pelos quais as pessoas se unem.
- Perceber a importância da colaboração entre os membros de um grupo.
- Reconhecer que o respeito é necessário para a solução de conflitos.
- Reconhecer algumas características dos povos indígenas.
- Identificar as contribuições de grupos de diferentes origens.

1. O que você observa em cada fotografia?
2. Que grupos estão representados nas fotografias?
3. O que une as crianças desses grupos?
4. As crianças das fotografias parecem se entender e realizar as atividades em harmonia umas com as outras. Será que é sempre assim?

1. Crianças indígenas do povo Kayapó, da aldeia Moikarako, jogando futebol, no município de São Félix do Xingu, no estado do Pará, em 2015.
2. Crianças da orquestra do Instituto Baccarelli, no município de São Paulo, no estado de São Paulo, em 2017.

Por que as pessoas se unem?

Na unidade anterior você aprendeu que as pessoas vivem em grupos e conheceu alguns deles. Mas o que leva as pessoas a se unirem em grupos?

Assista
Procurando Nemo

Vários motivos levam as pessoas a se unirem. Na **família**, por exemplo, as pessoas estão ligadas por laços afetivos, pelo **parentesco**, pelo apoio mútuo, pela convivência e pela partilha do mesmo espaço. O grupo de amigos também é unido por laços afetivos.

Já em uma **associação de moradores** do bairro são os objetivos comuns que unem as pessoas. Os membros desse grupo podem querer melhorias no bairro, como água encanada para as moradias, ruas asfaltadas, transporte público de qualidade ou **revitalização** de uma praça.

parentesco: relação de pessoas por vínculo sanguíneo ou por adoção (pai e filhos, irmãos, etc.).
revitalização: processo que dá vida nova a um local.

As relações entre os membros dos grupos também variam. Há grupos em que apenas alguns membros são responsáveis pelas orientações e pela maioria das decisões. Em outros, todos discutem, opinam e participam das decisões que são tomadas de acordo com a vontade da maioria.

Manifestação dos moradores do bairro de Jaconé, no município de Maricá, no estado do Rio de Janeiro, a favor da instalação de um porto, que geraria empregos para os moradores e faria o bairro se desenvolver. Fotografia de 2017.

Leia o texto abaixo com o professor.

Como as crianças yanomamis aprendem

Nós Yanomami ensinamos nossas crianças nas tarefas cotidianas. Assim, quando a mãe trança um cesto a filha observa e tenta fazer um cesto pequeno, ao mesmo tempo que brinca imitando a mãe ela aprende a trançar o cesto.

Da mesma forma, quando o pai vai caçar perto da casa, leva seu filho junto para que ele conheça a floresta, as plantas, os animais. [...]

As crianças também aprendem ouvindo os mais velhos [...]. Essas falas acontecem quase todos os dias à noite ou quando está amanhecendo. Durante as festas, as crianças aprendem a dançar e cantar. [...]

Normalmente os irmãos mais velhos ajudam os irmãos mais novos, ensinando coisas e cuidando deles. [...]

Esse é o jeito como nós Yanomami ensinamos e aprendemos as coisas da nossa cultura fora da escola.

POVOS Indígenas no Brasil Mirim. **Aprendendo com os Yanomami**. Disponível em: <http://pibmirim.socioambiental.org>. Acesso em: abr. 2018.

Mulheres e crianças yanomamis descascando mandioca para a fabricação de beiju no município de Barcelos, no estado do Amazonas, em 2012. O povo indígena Yanomami vive na Floresta Amazônica, nos estados do Amazonas e de Roraima.

1 De acordo com o texto, com quem as crianças yanomamis aprendem?

....

....

2 Você também aprende com as pessoas da sua convivência? O quê? Conte para os colegas e o professor.

A colaboração nos grupos

Existem alguns grupos que proporcionam diversão para as pessoas, como os grupos de teatro, cinema, dança e circo.

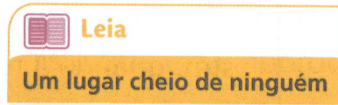

Leia

Um lugar cheio de ninguém

O circo é um grupo formado por pessoas com diferentes habilidades físicas e artísticas: contorcionistas, mágicos, palhaços, equilibristas, acrobatas, malabaristas. Seu objetivo é oferecer arte e diversão às pessoas.

Além de reunir pessoas com diferentes habilidades, em um único circo pode haver artistas de vários locais. O Cirque du Soleil (nome em francês para Circo do Sol), por exemplo, surgiu de um grupo de artistas de rua que se apresentava na cidade de Quebec, no Canadá. Hoje é formado por artistas de vários países, como África do Sul, Mongólia, França, México, Brasil, China e Ucrânia.

Artistas (equilibristas) do Cirque du Soleil durante espetáculo em Londres, no Reino Unido, em 2014. As apresentações do circo são bastante desafiadoras e realizadas com esforço, talento e participação de vários artistas.

1 Que tipo de apresentação é retratada na fotografia?

2 Em sua opinião, além de desenvolver certas habilidades, o que mais é necessário para que esse grupo de artistas consiga fazer esse tipo de apresentação?

O trabalho dos artistas circenses é bonito e interessante, mas não é simples. Todos treinam bastante antes da apresentação, repetindo várias vezes cada movimento.

Há muita colaboração, diálogo e respeito entre eles para que a beleza, a sincronia, a criatividade e a superação dos desafios possam ser demonstradas nos espetáculos.

Artistas do Cirque du Soleil em apresentação em Londres, no Reino Unido, em 2014. Sem colaboração, a apresentação desse espetáculo não seria possível.

Na vida em comunidade, ou seja, no bairro, na cidade, no estado ou no país, as pessoas também vivem em grupos e têm objetivos em comum. Além disso, elas precisam colaborar umas com as outras para viver bem. Veja um exemplo na reportagem da página seguinte.

Moradores se unem para revitalizar praça no bairro Jardim Recanto

Vasos de plantas, árvores e canteiros bem cuidados, várias espécies de flores, **grafites** carregados de cores e até uma pequena horta. Isso tudo é o que você encontra na pequena praça situada entre as ruas José Rodrigues dos Santos e Martins Costa, no bairro Jardim Recanto [município de Patos de Minas, estado de Minas Gerais]. Mas ela nem sempre foi assim, isso tudo foi obra dos moradores da região, que se juntaram para revitalizar e dar uma cara nova para o local. [...]

E as melhorias na praça não se limitam apenas à jardinagem. Os moradores conseguiram pneus no **ecoponto** para confecção de bancos. Antigamente tinha apenas um banco em toda a praça. A pracinha também foi toda pintada. Belos grafites coloridos são vistos por todo lado. "Todo mundo que passa por aqui fala! Não tem nenhuma praça igual. É uma união entre os moradores. Os que não ajudam com dinheiro ou mão de obra ajudam a zelar. As crianças não pisam na grama [...]", contou Cidinha [moradora do bairro] toda orgulhosa. [...]

Praça do município de Patos de Minas, no estado de Minas Gerais, em 2015.

grafite: desenho feito à mão em muros, geralmente com *spray* de tinta.
ecoponto: local que recebe objetos e outros materiais que não servem mais às pessoas e que tem a função de destiná-los à reciclagem ou ao descarte correto.

AMÂNCIO, André. Moradores se unem para revitalizar praça no bairro Jardim Recanto. **Patos Agora**, Patos de Minas, 20 nov. 2015. Disponível em: <www.patosagora.net>. Acesso em: abr. 2018.

3 O texto trata da melhoria de uma praça. Você acha que isso seria possível sem a união dos moradores do lugar? Por quê? Converse com os colegas e o professor.

Lidando com os conflitos

Apesar de ter objetivos em comum, as pessoas que formam os grupos são diferentes. Conviver com essas diferenças, às vezes, pode gerar desentendimentos e conflitos.

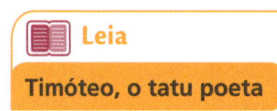

Leia
Timóteo, o tatu poeta

Leia o trecho da entrevista de um artista brasileiro que se apresenta no Cirque du Soleil.

[...]

E conviver com pessoas com uma cultura e costumes diferentes não é complicado?

Wellington Lima: Como a maioria dos integrantes são **atletas de ponta**, há sempre conflitos. Muitos sabem como deve ser feito tecnicamente, mas no circo tem ainda o lado artístico que conta muito. Às vezes a pessoa demora para fazer a transição de atleta para artista.

[...]

TOBACE, Ewerthon. *Cirque du Soleil*: um salto para o sucesso. Disponível em: <www.abril.com.br>. Acesso em: mar. 2015.

Wellington Lima.

atleta de ponta: atleta que se destaca no que faz.

1 O que significa "fazer a transição de atleta para artista"? Marque com **X** a alternativa que melhor explica essa frase.

☐ Deixar o espírito competitivo de lado e atuar em grupo, com o objetivo de divertir e agradar o público.

☐ Treinar sem parar, superando todos os limites e melhorando cada vez mais a sua técnica.

2 Segundo Wellington Lima, há sempre conflitos no grupo de artistas do Cirque du Soleil. Converse com os colegas e o professor.

a) Quais seriam os motivos desses conflitos?

b) Como você imagina que eles conseguem superar as diferenças e trabalhar em grupo, fazendo um espetáculo tão bonito e impressionante?

Respeito às diferenças

Conviver com as pessoas com quem nos identificamos ou temos interesses em comum não é difícil. Mas e quando temos que conviver com pessoas diferentes de nós?

Essa convivência acontece o tempo todo e aconteceu também quando o Brasil começou a ser formado. Por volta de 1500, os portugueses colonizadores chegaram às atuais terras brasileiras. Mas nestas terras já viviam inúmeros povos indígenas, cujo modo de vida era muito diferente do modo de vida dos portugueses. Muitos povos indígenas resistiram à ocupação portuguesa.

Além de ocupar as terras habitadas pelos indígenas, os portugueses lhes impuseram seu jeito de ser, gerando conflitos que culminaram no domínio de suas terras pelos portugueses, na morte de milhões de indígenas e no desaparecimento de muitos de seus povos e de suas culturas.

Embora existam diferentes povos indígenas, com modos de vida próprios, alguns costumes são comuns a praticamente todos eles. Um exemplo é a forte ligação com a natureza, de onde retiram os alimentos e tudo de que precisam para viver.

Crianças ikpengs coletando peixes na lagoa Ariranha em pescaria com timbó, no município de Feliz Natal, no estado de Mato Grosso, em 2016. Nesse tipo de pescaria, os homens usam o timbó, um cipó venenoso para os peixes. Em contato com a água, o timbó libera uma substância que deixa os peixes atordoados e fáceis de serem capturados pelas crianças.

Indígena truká colhendo mamão, no município de Cabrobó, no estado de Pernambuco, em 2016.

1 Observe as fotografias desta página e da anterior e leia as legendas. O que se pode dizer sobre o modo de vida indígena?

....

....

2 Que costume indígena você considera interessante? Qual gostaria de conhecer mais?

....

....

Ainda hoje, os indígenas precisam lutar para garantir suas terras. Ter seu próprio território é essencial para os indígenas manterem seus grupos unidos e preservarem seus costumes e seu modo de vida.

Vamos falar sobre...

Respeito aos povos indígenas

Alguns indígenas, como Daniel Munduruku e Olívio Jekupé, escrevem sobre a cultura de seus povos para que todos a conheçam e respeitem.

1. Você já leu um livro escrito por um indígena? Se não leu, gostaria de ler? Por quê?
2. O que podemos fazer para valorizar a cultura dos povos indígenas?

Outros grupos e suas contribuições

Como você estudou, os grupos são diferentes e podem se formar por vários motivos. Um dos motivos que levam as pessoas a unir-se é a origem comum de seus integrantes. Alguns grupos, quando se mudam de seu lugar de origem, acabam influenciando os lugares onde se instalam, pois levam consigo seus costumes e seu modo de vida.

Conheça alguns grupos que passaram a viver longe do seu lugar de origem.

1

Sobretudo entre os anos 1940 e 1980, muitas pessoas de estados da região Nordeste do Brasil se mudaram para o município do Rio de Janeiro, no estado do Rio de Janeiro. Elas buscavam trabalho e melhores condições de vida.
Nas folgas, essas pessoas reuniam-se para festejar com música e comidas típicas de seus estados de origem. Esse costume fez surgir a Feira de São Cristóvão, que hoje acontece no Centro Luiz Gonzaga de Tradições Nordestinas.
Nessa feira são comercializados produtos típicos nordestinos – alimentos, redes para descansar e dormir, objetos de decoração – e acontecem apresentações de música e de dança, com ritmos como o forró e o xaxado.

Centro Luiz Gonzaga de Tradições Nordestinas, na cidade do Rio de Janeiro, no estado do Rio de Janeiro, em 2014.

Muitos alemães se mudaram para o Brasil entre os anos 1850 e 1920, sobretudo para os estados de Santa Catarina e Rio Grande do Sul. Eles saíram da Alemanha, país do continente europeu, em busca de uma vida melhor, e trouxeram várias contribuições para o trabalho e a cultura dos estados onde se instalaram. Um exemplo são as construções em enxaimel, como mostra a fotografia.

2

Oktoberfest, no município de Blumenau, no estado de Santa Catarina, em 2015. Essa festa ocorre todo ano e comemora a cultura alemã, com apresentações de música e de dança e venda de comidas e bebidas típicas.

O Olodum surgiu como um bloco de carnaval na cidade de Salvador, no estado da Bahia, em 1979. Como características marcantes do grupo podemos citar o uso de instrumentos de percussão (tambores), o ritmo e a dança herdados dos povos africanos que foram trazidos ao Brasil na condição de escravizados. O Olodum se apresenta regularmente no bairro do Pelourinho, cultivando seus valores por meio de sua expressão artística, e atrai pessoas vindas de diversos lugares do Brasil e do mundo.

Apresentação do grupo Olodum, no Pelourinho, bairro central, no município de Salvador, no estado da Bahia, em 2017.

1 Quais grupos estão representados nas fotografias? O que eles têm em comum?

……

2 De acordo com as fotografias, quais foram as contribuições desses grupos para os lugares em que passaram a viver?

………

3 No lugar em que você vive, também é possível identificar contribuições de grupos de pessoas que vieram de outros estados ou países? Dê exemplos.

Conectando saberes

O esporte fortalecendo os grupos

O esporte une pessoas: torcedores, atletas e praticantes. Os **Jogos Olímpicos** são um exemplo dessa união e de como pessoas diferentes podem conviver bem. Eles acontecem a cada quatro anos, cada vez em um país. Em 2016, ocorreram na cidade do Rio de Janeiro, com a participação de atletas de mais de 200 países.

No mesmo país e no mesmo ano em que ocorrem os Jogos Olímpicos, acontecem também os **Jogos Paralímpicos**, competições esportivas destinadas aos atletas com deficiência. Eles mostram que é possível superar os limites relacionados a essas deficiências e provam que todas as pessoas podem praticar esportes.

Conheça a seguir duas modalidades paralímpicas realizadas em grupo.

VÔLEI SENTADO

Homens e mulheres com diferentes limitações físicas podem competir. Nessa modalidade, os atletas devem manter contato com o solo o tempo todo.

- A rede mais baixa é uma adaptação para os atletas com deficiência.
- A quadra é menor do que na versão olímpica.
- Cada time conta com seis jogadores.

Elementos não proporcionais entre si.

A seleção brasileira feminina de vôlei sentado comemora a conquista da medalha de bronze nos Jogos Paralímpicos de 2016.

FUTEBOL DE 5

Nessa modalidade, cada time é formado por cinco jogadores, contando o goleiro. Os jogadores da linha são deficientes visuais e jogam com os olhos vendados, mas o goleiro tem visão total.

BOLA SONORA
Dentro da bola, há guizos que produzem sons que orientam os atletas. Por isso, a torcida se mantém silenciosa e se manifesta apenas na hora do gol.

Chamador

Técnico

ORIENTAÇÕES
O goleiro, o técnico e o chamador orientam os jogadores durante a partida. O técnico se posiciona no meio da quadra e o chamador fica atrás do gol do adversário.

Ilustrações: Olavo Costa

Elementos não proporcionais entre si.

A quadra tem proteções laterais para a bola não sair.

Alexandre Loureiro/Getty Images

A seleção brasileira masculina de futebol de 5 ganhou a medalha de ouro em todas as edições dos Jogos Paralímpicos. Na fotografia, os jogadores comemoram a conquista da medalha de ouro nos Jogos Paralímpicos de 2016.

1 O que são os Jogos Paralímpicos?

2 O que mostram os atletas que participam dessas competições?

Vamos retomar

1 Observe a fotografia e leia a legenda.

Quebradeiras de coco de babaçu no estado do Maranhão, em 2014. Descendentes de indígenas e africanos, essas mulheres retiram da natureza apenas o necessário para sua sobrevivência e a de suas famílias, sem prejudicar o ambiente.

a) O que as mulheres retratadas na fotografia estão fazendo?

....

b) Assim como os indígenas, essas mulheres retiram da natureza apenas o necessário para viver. Na comunidade onde você vive, as pessoas têm modo de vida semelhante a esse? O que é igual? O que é diferente? Conte aos colegas e ao professor.

c) Em sua opinião, é possível pessoas com modos de vida diferentes conviverem de forma harmoniosa? Explique.

Entrevista: de quais grupos as pessoas fazem parte?

Entreviste um familiar ou um conhecido para saber de quais grupos ele faz parte.

Depois, peça ao entrevistado que escolha um dos grupos e lhe conte quais são os objetivos desse grupo, como são tomadas as decisões, que conflitos costumam ocorrer e como eles são resolvidos.

Anote as respostas no caderno e, na sala de aula, conte aos colegas e ao professor o que você descobriu.

Autoavaliação

Vamos pensar sobre o que você aprendeu nesta unidade?
Marque com **X** a opção que melhor represente sua resposta a cada pergunta abaixo.

	😄	🤔	😐
1. Você reconhece os motivos que levam as pessoas a se unirem?			
2. Você percebe a importância da colaboração para a vida em grupo?			
3. Você reconhece a importância do respeito para a solução dos conflitos?			
4. Você reconhece algumas características dos povos indígenas?			
5. Você identifica contribuições culturais e econômicas de grupos de diferentes origens?			

Sugestões

Para ler

- **Timóteo, o tatu poeta**, de Rosana Rios. São Paulo: Scipione, 2016.

  Depois de ver a lua cheia, o tatu Timóteo começou a falar em versos e por isso foi expulso pelos tatus mais velhos. Com a ajuda de amigos, Timóteo cavou buracos nas tocas dos outros tatus. Assim, de noite, a Lua brilhava na toca dos tatus, que também começaram a falar em versos.

- **Um lugar cheio de ninguém**, de Marcelo Xavier. São Paulo: Formato, 2017.

  Neste livro, você vai conhecer a história de Neno. Um dia, o menino dorme profundamente e, em seu sonho, passeia por uma cidade sem pessoas. O que vai acontecer quando Neno acordar?

Para assistir

- **Procurando Nemo**, direção de Andrew Stanton. Estados Unidos, 2003.

  O peixe Marlin havia perdido sua esposa e todos os seus filhos, exceto Nemo. Um dia, Nemo desobedece ao pai, sai mar adentro e se perde. Marlin vai em busca do filho e, em sua jornada, torna-se amigo de Dory, uma peixinha esquecida, mas muito esperta, que vai ajudá-lo a encontrar Nemo.

UNIDADE 3

Os bairros

Nesta unidade você vai:

- Reconhecer que os bairros se transformam ao longo do tempo, sobretudo pela ação humana.
- Identificar diferentes tipos de bairro.
- Reconhecer a função dos pontos de referência.
- Reconhecer a importância das placas de rua e de sua conservação.
- Identificar a representação do trecho de um bairro visto de cima para baixo (visão vertical).

Ricardo Teles/Pulsar Imagens

1. Quais elementos você observa em cada fotografia?
2. Esses elementos existem no lugar onde você vive? Quais? Cite outros elementos existentes no lugar onde você mora.
3. Como você imagina que seja viver nos bairros mostrados nas fotografias? Por quê?
4. As fotografias mostram os bairros Cidade Velha e Sítio do Mocó nos dias atuais. Em sua opinião, esses bairros foram sempre assim ou foram mudando ao longo do tempo? Por quê?

1. Vista do bairro Cidade Velha, em Belém, no estado do Pará, em 2017. Em primeiro plano, ao centro, está a Casa das Onze Janelas, construção do século XVIII que hoje abriga um museu. À sua esquerda está o Forte do Castelo, construção do século XVII.
2. Vista do bairro Sítio do Mocó, no município de Coronel José Dias, no estado do Piauí, em 2014.

Lucas Carvalho/Geo Imagens Didáticas

1

2

Os bairros têm história

Nos bairros, convivemos com vários grupos: de parentes, amigos, vizinhos, entre outros. Com seus conhecimentos, ideias e trabalho, essas pessoas transformam o bairro onde vivem. Algumas pessoas que não vivem nos bairros também podem ser responsáveis por sua transformação, como é o caso dos governantes.

Leia
Neguinho do Rio

Os bairros, portanto, têm uma história própria: como foi seu processo de formação, quem foram as pessoas que ajudaram no desenvolvimento dele, as atividades realizadas, como era e como é a vida dos moradores, por quais mudanças o bairro passou ao longo do tempo, etc.

Conheça a história do bairro Cidade Universitária, no município de São Paulo, estado de São Paulo. O bairro Cidade Universitária é um dos bairros do distrito do Butantã.

Sua história teve início em 1607, quando o português Afonso Sardinha instalou em sua fazenda Butantã o primeiro engenho de açúcar da Vila de São Paulo. Depois de sua morte, as terras tiveram diversos proprietários até serem vendidas, em 1915, para uma empresa, que, depois, dividiu a fazenda em terrenos menores para serem vendidos. Veja a fotografia abaixo.

Placa anunciando a venda de terrenos da fazenda Butantã, em 1915.

Com o tempo, muitas famílias se mudaram para a região.

Localizado às margens do rio Pinheiros, o bairro era constantemente inundado por enchentes na época das chuvas, o que causava transtornos aos moradores. Diversas obras foram feitas, até mesmo no curso do rio, para acabar com o problema.

Outras obras foram melhorando as condições de vida de grande parte dos moradores e dos frequentadores do bairro.

Calçamento de trecho da avenida Vital Brasil, em 1928. A abertura e o asfaltamento de avenidas contribuíram para o acesso aos bairros do distrito do Butantã, atualmente frequentado por um grande número de pessoas.

Na década de 1930, parte da área do Butantã foi transformada no bairro Cidade Universitária, para a instalação da Universidade de São Paulo (USP). A presença dessa instituição atraiu moradores para a região.

Prédio da **reitoria** da USP em fase de construção na antiga fazenda Butantã, em 1936. A obra foi concluída em 1961. Observe o mesmo prédio na fotografia abaixo.

reitoria: administração central de uma universidade.

Vista atual da área ocupada pela USP no bairro Cidade Universitária. Fotografia de 2017.

Os bairros se transformam

Como você viu, os bairros vão se transformando, tornando-se diferentes de como eram no passado. Isso porque os lugares mudam ao longo do tempo. Novas construções são erguidas, ruas são ampliadas e asfaltadas, as pessoas se mudam, novas atividades são realizadas e as necessidades dos moradores se modificam.

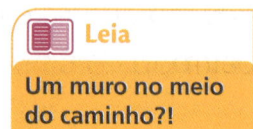

Observe as fotografias.

📖 **Leia**
Um muro no meio do caminho?!

Elevador Lacerda

1

2

Elevador Lacerda, em 2016.

Vista do Elevador Lacerda e entorno, no município de Salvador, no estado da Bahia. Fotografia feita por volta de 1920.

Unidade 3

Embora seja mais fácil perceber as grandes modificações pelas quais os bairros passam ao longo de muitos anos, algumas mudanças acontecem com bastante rapidez. Elas podem ocorrer em razão da ação humana (como a poda de uma árvore) ou como consequência da natureza (por exemplo, um vendaval que destrói construções, plantações e derruba árvores).

1 Com base na observação das fotografias da página anterior, responda:

a) Em que ano elas foram feitas? Quantos anos se passaram aproximadamente entre uma fotografia e outra?

....

b) Que lugar as fotografias mostram?

....

....

c) O que mudou no bairro nesse período?

....

....

d) Quem realizou essas mudanças e por que você acha que elas ocorreram?

....

....

2 Converse com familiares ou com vizinhos mais velhos que vivem no mesmo bairro ou município que você. Pergunte se eles identificam mudanças que ocorreram no bairro ou no município. Se possível, peça que lhe mostrem fotografias do lugar no passado. Registre suas descobertas no caderno e compare suas anotações com as dos colegas.

3 Durante alguns dias, observe atentamente o bairro onde fica a escola. Veja que mudanças estão ocorrendo e quem está promovendo essas modificações. Podem ser novas construções, renovação da pintura das casas, poda de árvores, inundações, etc. Depois, no caderno, faça uma lista de tudo o que você notou. Compare a sua lista com a de um colega, a fim de perceber semelhanças e diferenças.

Ampliar horizontes

A história de um bairro

Leia este texto sobre as transformações ocorridas em um bairro no município de Macapá, no estado do Amapá.

O começo e a transformação do bairro Novo Horizonte

No início dos anos 1990, o […] prefeito de Macapá […] deparou-se com um grande problema social, a falta de moradia para milhares de pessoas, que não dispunham de residência própria. Diante disso o prefeito procurou uma área para **lotear**, […] tendo encontrado o espaço na zona norte da cidade […] denominada inicialmente de Capilândia.

O loteamento encontrou muitas dificuldades, como a ausência de infraestrutura tão necessária ao desenvolvimento de qualquer aglomerado social; a falta de transporte coletivo, escolas, água potável e energia eram alguns dos grandes problemas da comunidade.

Para suprir uma das maiores necessidades [energia elétrica], os poucos moradores puxavam energia do bairro vizinho por um fio que atravessava um pequeno **igarapé**, que divide os bairros Jardim Felicidade e Novo Horizonte até hoje […].

lotear: dividir.
igarapé: curso de água, em geral estreito e pouco profundo, que está ligado a um rio, como um "braço" longo ou canal.

[…] Em 1992, o asfaltamento das ruas beneficiou consideravelmente a vida de todos daquela área, com a chegada de transporte coletivo e a primeira escola do bairro […].

LOPES, Ane. O começo e a transformação do bairro Novo Horizonte. **Portal da Notícia**, Macapá, 16 jun. 2009. Disponível em: <http://anejornalista.blogspot.com.br>. Acesso em: abr. 2018.

Unidade 3

1. Localize no texto da página anterior e sublinhe:

   a) de **azul**: o nome atual do bairro;   b) de **vermelho**: o nome original do bairro.

2. Os moradores do bairro Novo Horizonte sofriam com a falta de infraestrutura. Identifique essa passagem no texto e responda:

   a) Quais serviços públicos não existiam no bairro e quais benefícios melhoraram a vida dos moradores?

   _____

   _____

   _____

   b) Onde você vive também ocorrem modificações como essas? Converse com os colegas e o professor.

3. Marque com **X** a ilustração que melhor representa a localização do bairro Novo Horizonte descrita no texto da página anterior.

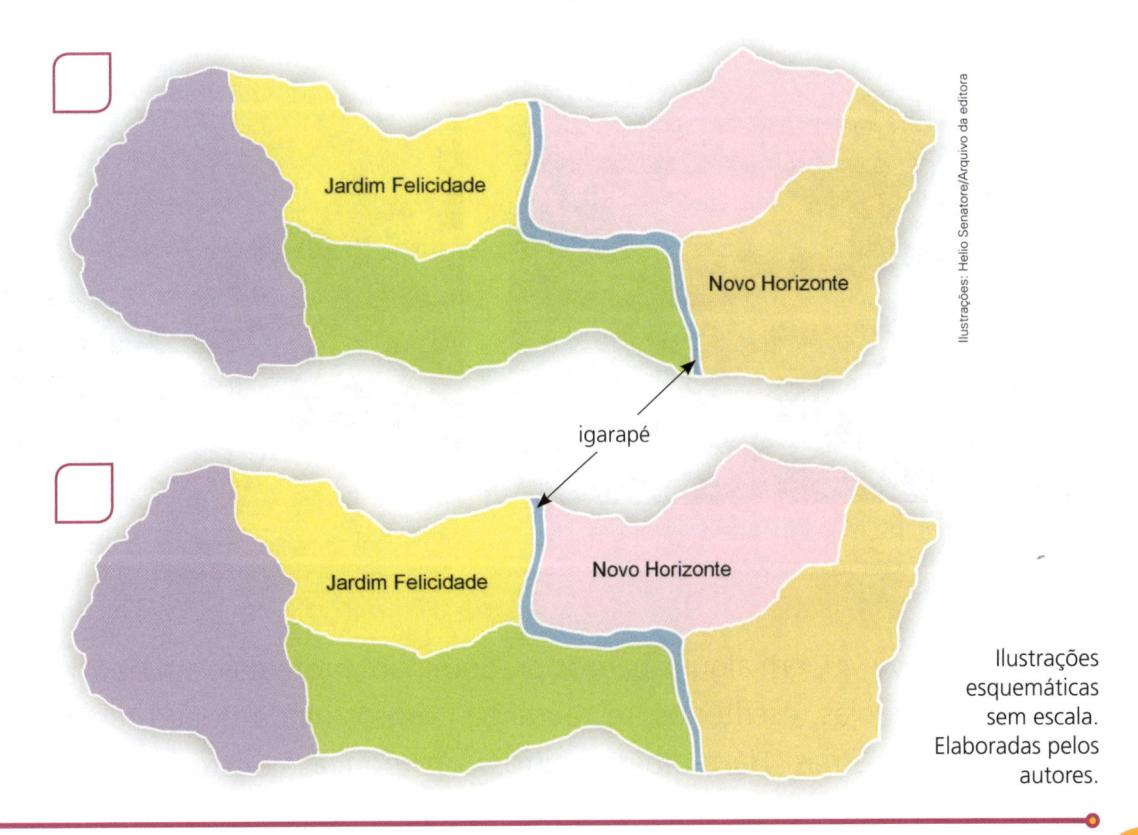

Ilustrações esquemáticas sem escala. Elaboradas pelos autores.

Diferentes tipos de bairro

Os bairros podem ter algumas semelhanças entre si, mas nenhum é igual a outro. Todo bairro tem características próprias.

Podemos perceber as diferenças entre os bairros observando as ruas, as construções, os estabelecimentos, os **serviços públicos** disponíveis e até as pessoas que neles vivem ou por eles passam. Observe as fotografias.

serviço público: serviço prestado pelo governo do estado, do município ou do país à população. Exemplos: transporte e educação.

1 Bairro comercial no centro de Petrolina, no estado de Pernambuco, em 2016.

2 Bairro residencial no campo, no município de Cândido Sales, no estado da Bahia, em 2016.

3 Bairro industrial, no município de Contagem, no estado de Minas Gerais, em 2015.

4 Bairro residencial na cidade, no município de Florianópolis, no estado de Santa Catarina, em 2014.

Como você viu, em alguns bairros predominam moradias; em outros há um grande número de lojas, escritórios, restaurantes; outros ainda podem abrigar um maior número de indústrias. Há também bairros com poucas construções e grandes áreas cultivadas ou com plantas que cresceram naturalmente.

1 Compare as fotografias da página anterior e complete o quadro.

Fotografia	Local retratado	Elementos observados
1		
2		
3		
4		

2 Quais são as semelhanças e as diferenças que você observa entre os bairros das fotografias da página anterior?

3 O bairro onde você mora se parece com algum dos retratados na página anterior? Explique.

Os bairros também podem apresentar outras características que os diferenciam, como a localização (um bairro pode, por exemplo, estar localizado junto à praia, próximo a um rio, na cidade, no campo, entre outros locais) e as condições financeiras de seus moradores (em alguns bairros, as construções são pequenas e simples; em outros, elas são enormes e luxuosas).

Veja as fotografias abaixo.

Bairro Reduto, no município de Belém, no estado do Pará, em 2017.

Bairro Agulha, no município de Belém, no estado do Pará, em 2015.

4 **Considerando as fotografias acima, responda:**

a) Onde ficam os bairros cujos trechos estão retratados?

b) O que os trechos dos bairros podem nos dizer sobre as condições de vida de seus moradores?

Saída de observação: o bairro onde eu vivo

Objetivos: Observar e registrar os elementos do bairro em que mora.

Material necessário: Caderno, lápis, folha de papel sulfite e lápis de cor.

Planejamento: Peça a um adulto que o acompanhe em uma saída de observação pelo bairro onde você mora.

Durante a saída: Observe atentamente os elementos presentes no bairro (como são as construções e qual o uso que elas têm, como são as ruas, praças, entre outros).

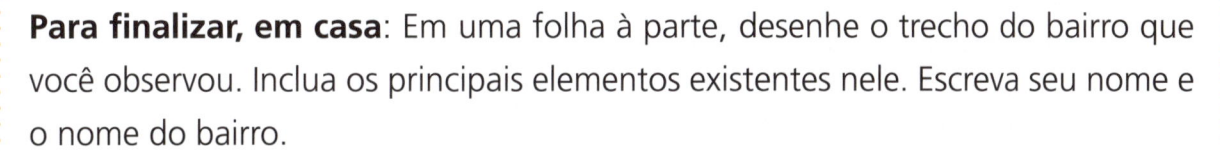

Para finalizar, em casa: Em uma folha à parte, desenhe o trecho do bairro que você observou. Inclua os principais elementos existentes nele. Escreva seu nome e o nome do bairro.

Para finalizar, na escola: Com a orientação do professor, mostre o desenho para os colegas e observe os desenhos deles. Depois converse com os colegas e o professor sobre as questões abaixo.

a) Como é o bairro onde você mora? Cite os elementos que você observa nele.

b) Há alguma característica que se destaca no bairro onde você mora? Qual?

c) Do que você mais gosta no bairro onde vive? E do que menos gosta? Explique.

Troca de ideias

1. Que outros elementos você gostaria que houvesse no bairro em que vive? Por quê?

2. O que você acha que deve existir em um bairro para que ele ofereça boas condições de vida aos seus moradores?

Pontos de referência nos bairros

Como você viu, os bairros passam por transformações ao longo do tempo. Nesse processo, porém, alguns elementos não se alteram ou mudam pouco e outros, de grande relevância e importância para a população, são construídos. Muitas vezes, esses elementos servem de **pontos de referência** para a localização de um endereço.

Como os bairros têm muitas vias de circulação e diversas construções, os pontos de referência ajudam as pessoas a reconhecer os lugares e se orientar. Os pontos de referência podem ser uma construção, um monumento, uma avenida mais conhecida, entre outros.

Veja um exemplo: Roberto, de 8 anos, mora no bairro Passaredo. Quando vai receber em casa amigos que moram em outros bairros, ele dá as seguintes instruções:

> MORO NA RUA PARDAL, Nº 850, NO BAIRRO PASSAREDO. MINHA CASA FICA ENTRE A AVENIDA BEM-TE-VI E A RUA DOS CANÁRIOS. NA ESQUINA DO QUARTEIRÃO TEM UMA ÓTICA.

1 Qual é o endereço de Roberto?

....

2 Na sua opinião, por que Roberto fornece outras informações, além do endereço completo?

....

Como você percebeu na situação apresentada, para chegar a um local é necessário o endereço dele. Os pontos de referência também auxiliam na sua localização.

3 Observe na representação abaixo parte do bairro Passaredo, onde Roberto mora, visto de cima para baixo (visão vertical). Veja na legenda os símbolos que correspondem ao Roberto e a duas amigas dele. Depois, localize as meninas na representação.

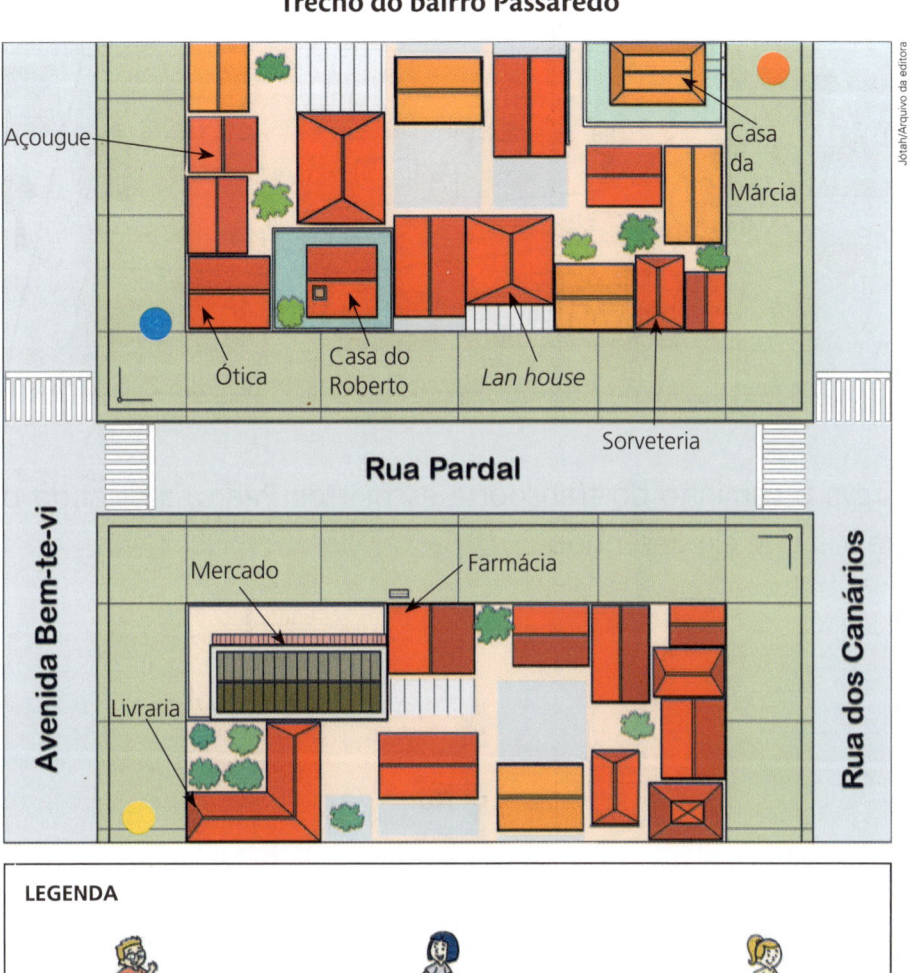

Trecho do bairro Passaredo

Ilustração sem escala. Elaborada pelos autores.

Assinale a alternativa que indica corretamente o caminho que uma das meninas deverá seguir para chegar à casa de Roberto.

☐ Para chegar à casa de Roberto, Márcia terá que caminhar em direção à rua Pardal, virar à direita, passar pela sorveteria e pela *lan house*.

☐ Leandra está em frente à livraria e vai caminhar em direção à rua Pardal, virar à esquerda, passar em frente ao mercado, à ótica e à farmácia antes de chegar à casa de Roberto.

4 A professora de Pedro pediu a ele que indicasse o trajeto que o transporte escolar que ele usa faz da casa dele até a escola usando alguns pontos de referência. Observe o desenho que Pedro fez.

- Descreva o caminho do transporte escolar de Pedro, indicando os pontos de referência que ele desenhou.

_____
_____
_____
_____

5 Imagine que você vai convidar um colega de classe para brincar em sua casa. Elabore um convite no espaço abaixo, informando o dia, a hora e o seu endereço completo. Para facilitar, dê alguns pontos de referência.

Unidade 3

Atualmente, programas instalados nos *smartphones* e *tablets* também ajudam a chegar até um local com certa facilidade, a pé ou de carro. Mas sempre será necessário o endereço correto.

Para chegarmos até o endereço ou para confirmarmos a informação mostrada pelos programas instalados nos *smartphones* e *tablets*, é fundamental que a rua, avenida ou praça sejam identificadas. Essa identificação é feita por meio de placas instaladas geralmente nas esquinas das vias de circulação.

Programa instalado em *smartphone* que localiza um endereço e indica a melhor rota para chegar até ele de carro.

Vamos falar sobre...

Conservação das placas

As placas com o nome das vias de circulação são fundamentais para auxiliar as pessoas na localização. A instalação e a conservação delas é dever dos governantes. No entanto, muitas vezes, encontramos situações como a mostrada na fotografia.

Placas com nome de rua danificadas em São Paulo, no estado de São Paulo, em 2015.

1. O que aconteceu com essas placas? Da maneira como estão, elas cumprem sua função?

2. Que dificuldade uma pessoa que não conhece as ruas identificadas pelas placas poderá encontrar em razão do que se observa na fotografia?

3. Observe as placas do bairro onde você estuda. Veja se elas estão bem conservadas e possibilitam às pessoas identificar o nome das vias de circulação. Converse com os colegas e o professor sobre o que vocês podem fazer para:

    a) conscientizar as pessoas a não estragar as placas de rua;

    b) encaminhar o pedido de conserto caso identifiquem placas danificadas.

Vamos retomar

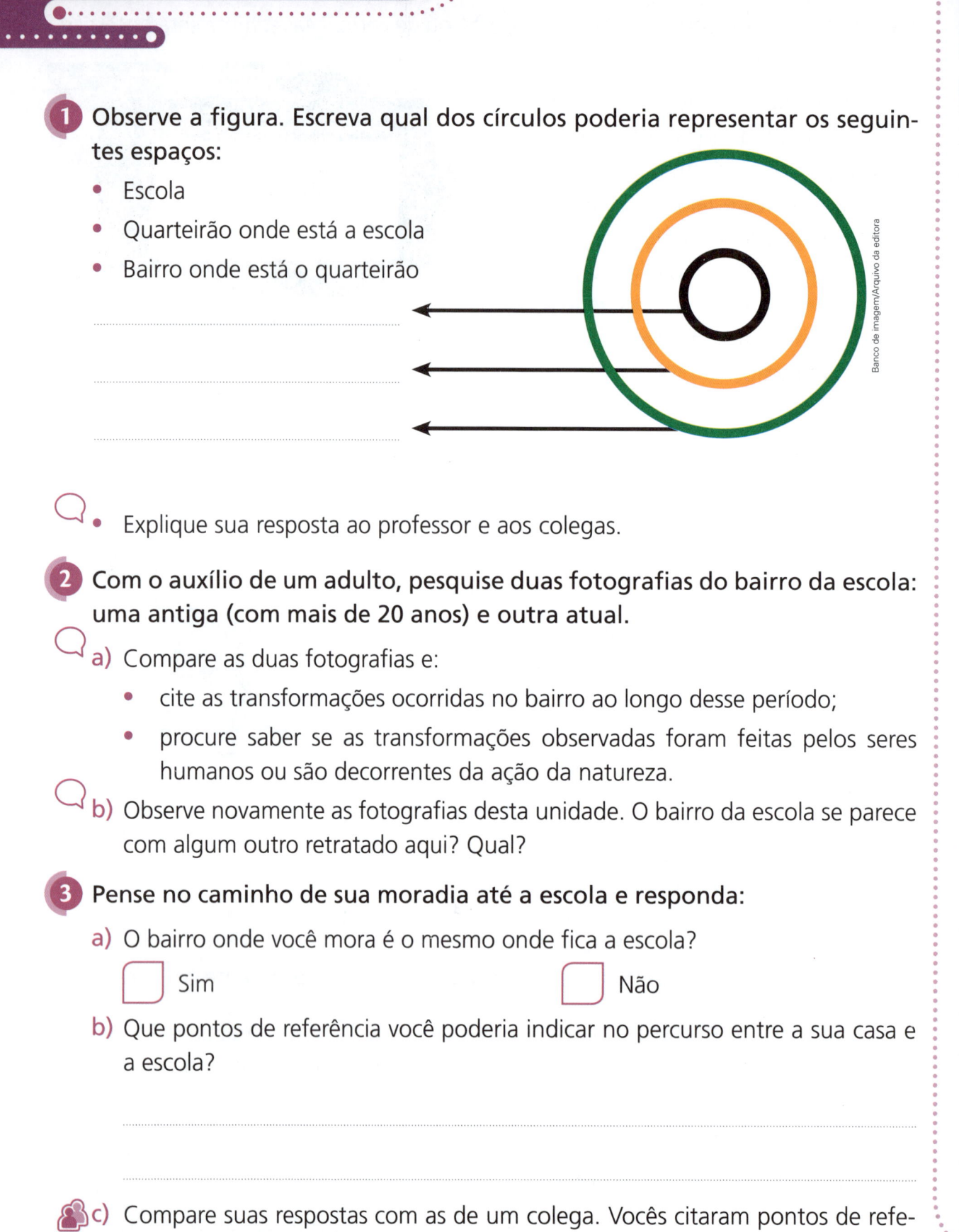

1 Observe a figura. Escreva qual dos círculos poderia representar os seguintes espaços:
- Escola
- Quarteirão onde está a escola
- Bairro onde está o quarteirão

_____

_____

_____

- Explique sua resposta ao professor e aos colegas.

2 Com o auxílio de um adulto, pesquise duas fotografias do bairro da escola: uma antiga (com mais de 20 anos) e outra atual.

a) Compare as duas fotografias e:
- cite as transformações ocorridas no bairro ao longo desse período;
- procure saber se as transformações observadas foram feitas pelos seres humanos ou são decorrentes da ação da natureza.

b) Observe novamente as fotografias desta unidade. O bairro da escola se parece com algum outro retratado aqui? Qual?

3 Pense no caminho de sua moradia até a escola e responda:

a) O bairro onde você mora é o mesmo onde fica a escola?

☐ Sim ☐ Não

b) Que pontos de referência você poderia indicar no percurso entre a sua casa e a escola?

_____

_____

c) Compare suas respostas com as de um colega. Vocês citaram pontos de referência em comum? O que isso significa?

Unidade 3

Autoavaliação

Vamos pensar sobre o que você aprendeu nesta unidade?
Marque com **X** a opção que melhor represente sua resposta a cada pergunta abaixo.

	😄	🤔	😕
1. Você reconhece que os bairros se transformam ao longo do tempo, sobretudo pela ação humana?			
2. Você identifica diferentes tipos de bairro?			
3. Você reconhece a função dos pontos de referência?			
4. Você reconhece a importância das placas de rua e de sua conservação?			
5. Você identificou a representação do trecho de um bairro visto de cima para baixo (visão vertical)?			

Sugestões

📖 Para ler

- **Neguinho do Rio**, de Luís Pimentel. Rio de Janeiro: Pallas, 2011.

  O livro é um passeio divertido pela cidade do Rio de Janeiro. Diferentes bairros, como Copacabana, Santa Teresa, Ipanema, Leblon, Maracanã, Catete, Bangu e Abolição, desfilam pelas páginas do livro pelo olhar de Neguinho, um menino alegre e apaixonado pela cidade.

- **Um muro no meio do caminho?!**, de Raimundo Matos de Leão. São Paulo: Atual, 2011.

  Juca acha que a rua em que mora está sem graça e muito igual todos os dias. Por isso, ele sugere levantar um muro no meio do caminho. Ninguém entendeu essa doideira! Mas depois de muita conversa, todos arregaçaram as mangas e construíram um muro alegre e colorido, que acabou se transformando no ponto de encontro de crianças e adultos.

UNIDADE 4

Os espaços públicos e as propriedades particulares

Nesta unidade você vai:

- Diferenciar espaço público de propriedade particular.
- Reconhecer a importância dos espaços públicos para a população.
- Reconhecer os deveres dos governantes e da população em relação aos espaços públicos.
- Reconhecer a função da legenda nas representações.
- Interpretar uma imagem de satélite e uma representação em visão vertical.
- Comparar imagem de satélite com representação em visão vertical.

1. O que você observa em cada fotografia?
2. Quem você acha que pode frequentar os locais retratados? E quem são os responsáveis pela manutenção desses locais?
3. No lugar onde você vive existem locais como os mostrados nas fotografias? Dê exemplos.
4. Você acha importante que existam locais como os mostrados nas fotografias? Por quê?

1. Biblioteca municipal Lustosa da Costa, no município de Sobral, no estado do Ceará, em 2017.
2. Pousada em São José dos Ausentes, no estado do Rio Grande do Sul, em 2016.

Luiz Queiroz/Secom/Prefeitura de Sobral

1

Zig Koch/Natureza Brasileira

2

57

Os espaços públicos dos bairros

Todos os bairros possuem espaços que são de responsabilidade dos governos – ou seja, devem ser construídos e mantidos pelos governantes – e podem ser frequentados por todas as pessoas. Eles são chamados de **espaços públicos**.

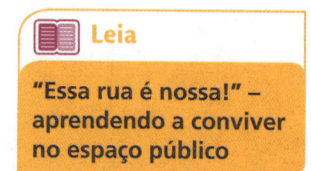

Leia
"Essa rua é nossa!" – aprendendo a conviver no espaço público

Bibliotecas, hospitais, parques, ruas, estradas e avenidas são exemplos de espaços públicos. Há espaços públicos que oferecem serviços essenciais à população, como educação, saúde e lazer.

Os espaços públicos são mantidos pelos governantes por meio dos **impostos** pagos pela população; pertencem, portanto, a todas as pessoas. Por isso, eles devem ser acessíveis a todos, inclusive a crianças, idosos, gestantes e pessoas com deficiência. Isso significa que devem ser planejados e construídos de modo que todos possam utilizá-los.

imposto: dinheiro pago por pessoas e empresas aos governos para que eles possam garantir os serviços públicos em geral.

Todas as pessoas são responsáveis pela conservação dos espaços públicos. Assim, devem colaborar com sua limpeza e utilizá-los sem estragar.

Unidade Básica de Saúde no município de Vista Alegre do Prata, no estado do Rio Grande do Sul, em 2015. Os municípios devem ter postos de saúde, onde os moradores recebem atendimento médico gratuito.

1 Ligue os serviços aos espaços públicos em que são oferecidos.

creches	saúde	escolas
hospitais		praças
	lazer	
universidades		postos de saúde
parques	educação	centros de convenções

Unidade 4

2 Marque com X as ilustrações que mostram espaços públicos.

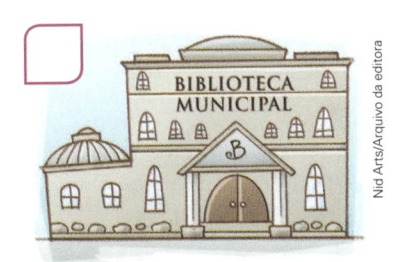

□ BIBLIOTECA MUNICIPAL
□ ESCOLA MUNICIPAL
□ POSTO DE SAÚDE

□ SALÃO DE CABELEIREIROS
□ MERCADINHO
□ (rua com pessoas e carros)

💬 Por que os espaços que você não assinalou não são espaços públicos? Converse com os colegas e o professor.

Vamos falar sobre...

Direito ao lazer

📖 **Leia**
Como se comportar no parque

O lazer é um dos direitos fundamentais de todos os seres humanos. Durante o lazer, as pessoas podem descansar, conviver com amigos e familiares, praticar esportes, participar de jogos e brincadeiras, apreciar as artes, a cultura e outros interesses pessoais.

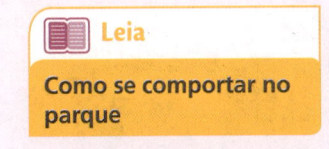

Assim, é fundamental que os governantes ofereçam condições de a população desfrutar de momentos de lazer, disponibilizando espaços públicos com essa finalidade.

- **No lugar onde você mora, ou próximo a ele, existe algum parque ou outro espaço público de lazer que você frequente? Converse sobre o assunto com os colegas e o professor, indicando:**

    a) nome do espaço;

    b) atividades que costumam ocorrer nele;

    c) estado de conservação do espaço;

    d) se há adaptação para pessoas com deficiências e idosos.

As propriedades particulares dos bairros

Além dos espaços públicos, os bairros contam com diversos outros locais que podem ou não ser frequentados por todas as pessoas. Esses locais pertencem a um ou mais donos, que são responsáveis por eles. São as chamadas **propriedades particulares**.

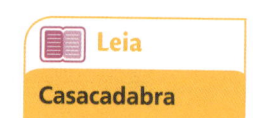

As moradias são um exemplo de propriedade particular. Estabelecimentos comerciais (lojas, supermercados, padarias, *shopping centers*), **fábricas** e locais de prestação de serviços (consultórios médicos, oficinas mecânicas, salões de beleza) também são propriedades particulares. Escolas, hospitais e bancos, por exemplo, podem ser propriedades particulares. Observe as fotografias.

Leia
Casacadabra

fábrica: local onde se realizam atividades de produção de mercadorias.

Padaria.

Fábrica de baterias de automóveis.

Salão de cabeleireiro.

1. Agora observe a fotografia abaixo e converse com os colegas e o professor.

Propriedade particular no município de Sorocaba, no estado de São Paulo, 2017.

a) O que a placa da fotografia informa?

b) O que foi feito para dificultar a entrada de pessoas?

2. Observe as fotografias a seguir.

Monumento na praça Ramos de Azevedo, na cidade de São Paulo, no estado de São Paulo, em 2017.

Moradia no município de Pancas, no estado do Espírito Santo, em 2015.

Em qual das fotografias acima há:

a) uma propriedade particular? ☐

b) um espaço público? ☐

Troca de ideias

- Em sua opinião, há desrespeito à propriedade particular e ao espaço público nas fotografias 1 e 2 acima?

Representar o mundo

Representações dos bairros

Observe a representação do trecho de um bairro.

LEGENDA
- Moradia
- Estabelecimento comercial
- Estacionamento
- Escola
- Banco
- Zoológico
- Templo religioso
- Rua
- Brinquedo
- Parque
- Árvore
- Banco do parque

Ilustração sem escala.
Elaborada pelos autores.

1 Dos locais representados acima, dê dois exemplos de espaço público e dois exemplos de propriedade particular.

2 Como você conseguiu identificar os elementos na representação acima?

Agora, observe ao lado a imagem de satélite de parte do bairro central do município de Teresina, no estado do Piauí.

Imagem de satélite do centro de Teresina, no estado do Piauí, em 2016.

Unidade 4

Essa imagem de Teresina foi obtida de um programa de computador que mostra o planeta Terra visto do alto. Esse tipo de imagem pode ser obtido por meio de **satélites artificiais** (caso dessa imagem de Teresina) e de fotografias aéreas (tiradas de aviões). Na imagem de satélite da página anterior, podemos observar diversas moradias e outras construções, além de árvores, automóveis e ruas.

> **satélite artificial:** equipamento que gira ao redor da Terra e capta imagens da superfície do planeta.

3. A imagem de satélite que retrata parte do centro de Teresina foi tirada de cima para baixo (visão vertical) ou de cima e de lado (visão oblíqua)? Como você pode perceber isso? Converse com os colegas e o professor.

4. Veja a representação abaixo, criada a partir da imagem de satélite da página anterior. Complete a legenda.

Representação de trecho do centro de Teresina, no estado do Piauí

Selma Caparroz/Arquivo da editora

Elaborada pelos autores com base em imagem de satélite (sem escala).

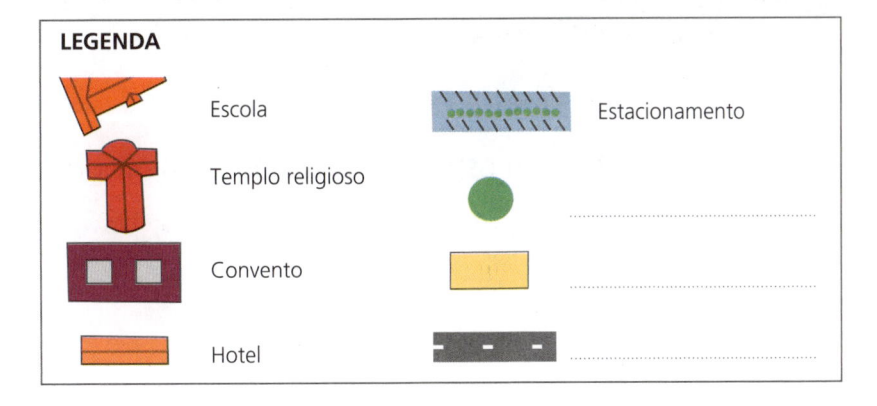

LEGENDA

- Escola
- Templo religioso
- Convento
- Hotel
- Estacionamento

Vamos retomar

1 Pinte de azul o nome dos espaços públicos e de verde o nome das propriedades privadas.

- praça
- shopping center
- supermercado
- biblioteca municipal
- escola municipal
- posto de saúde
- restaurante

a) Quais dos espaços públicos acima existem no lugar onde você vive?

_____

_____

b) Há algum serviço ou comércio que não existe no lugar onde você mora, mas que você e seus familiares gostariam que existisse? Quais?

_____

_____

2 Observe a fotografia a seguir.

- O que você vê na fotografia: um espaço público ou uma propriedade privada? Por quê?

_____

64 Unidade 4

Autoavaliação

Vamos pensar sobre o que você aprendeu nesta unidade?
Marque com **X** a opção que melhor represente sua resposta a cada pergunta abaixo.

	😀	🤔	😐
1. Você consegue diferenciar espaço público de propriedade particular?			
2. Você reconhece a importância dos espaços públicos para a população?			
3. Você reconhece que os governantes e a população são responsáveis pela manutenção dos espaços públicos?			
4. Você reconhece a função da legenda nas representações?			
5. Você consegue interpretar uma imagem de satélite e uma representação em visão vertical?			
6. Você consegue comparar imagem de satélite com representação em visão vertical?			

Sugestões

📖 Para ler

- **Casacadabra**, de Bianca Antunes e Simone Sayegh. São Paulo: Pistache, 2016.

  Um livro de arquitetura para crianças. Por meio de reflexões sobre diferentes tipos de moradia, que são propriedades particulares, o leitor é convidado a refletir sobre os espaços públicos.

- **Como se comportar no parque**, de Arianna Candell e Rosa M. Curto. São Paulo: Escala Educacional, 2007.

  Próximo à casa de Laura há um parque onde ela e suas amigas brincam e passeiam juntas. De maneira divertida, você vai aprender com as meninas atitudes que devemos ter em um parque, um espaço de todos.

- **"Essa rua é nossa!" – aprendendo a conviver no espaço público**, de Beatriz Meirelles. São Paulo: Scipione, 2016.

  A rua é um espaço de todos. Mas o que as pessoas devem fazer para uma boa convivência nos espaços públicos?

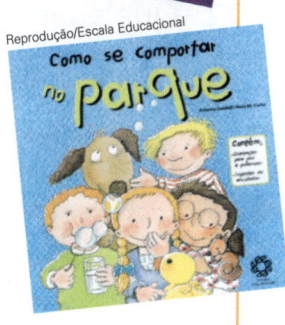

UNIDADE 5

Os serviços públicos

Nesta unidade você vai:

- Reconhecer a importância dos serviços públicos e os problemas causados pela falta deles.
- Reconhecer que o acesso à água potável é um direito.
- Mencionar de onde vem a água consumida na sua moradia e se ela é adequada ao consumo.
- Concluir que o represamento das águas para a geração de energia elétrica pode comprometer o abastecimento de água.
- Classificar os tipos de resíduos produzidos nas moradias.
- Concluir que é possível reduzir a quantidade de lixo, reutilizar e reciclar materiais.

1. O que você observa em cada fotografia?
2. Quais serviços públicos você identifica nas fotografias?
3. Qual é a importância desses serviços?
4. Que outros serviços públicos você conhece?

1. Criança bebendo água em bebedouro no parque em Manaus, no estado do Amazonas, em 2017.
2. Avenida iluminada em Uberlândia, no estado de Minas Gerais, em 2016.

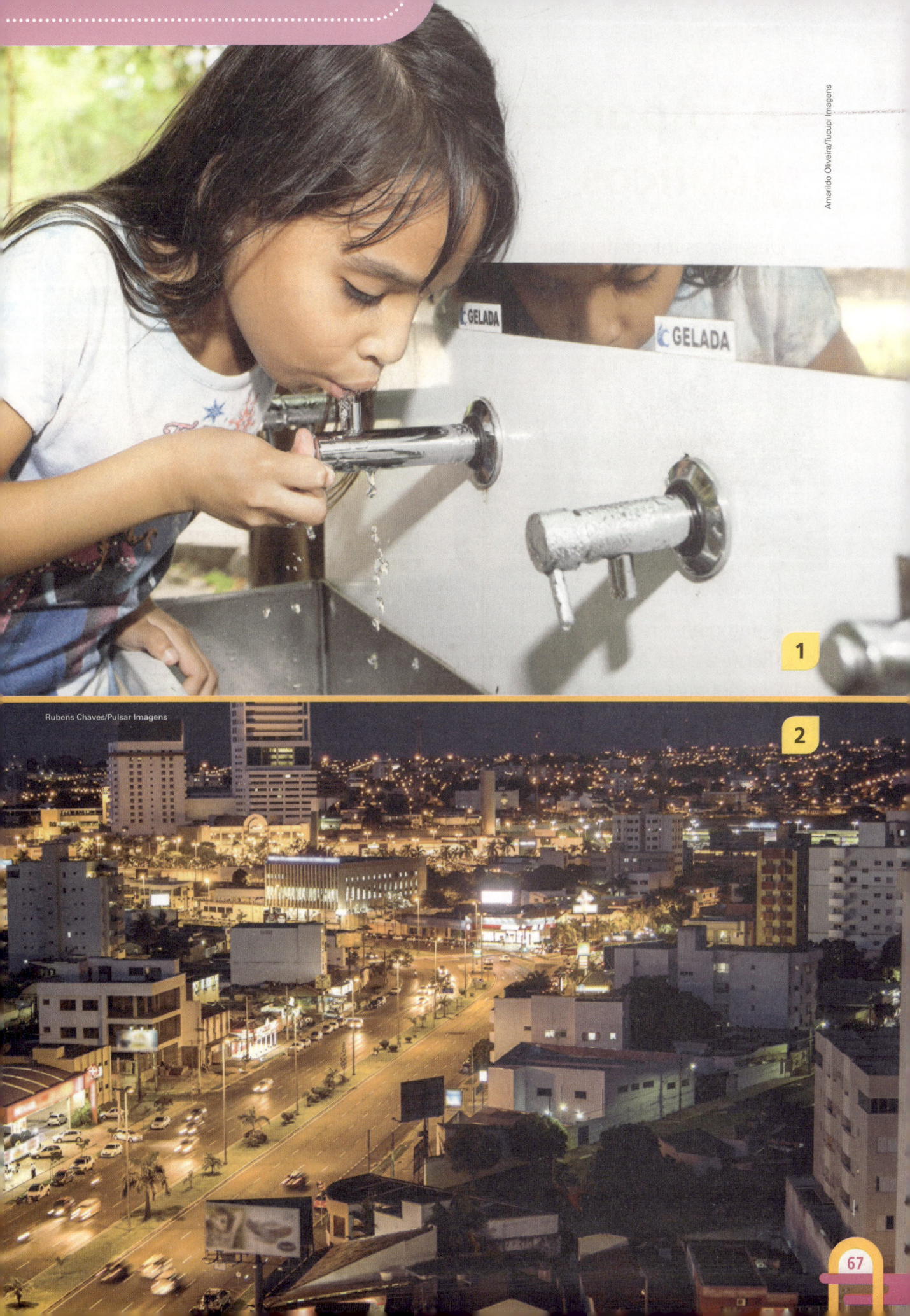

1

2

Rubens Chaves/Pulsar Imagens

Amarildo Oliveira/Tucupi Imagens

67

A importância dos serviços públicos

Observe as fotografias abaixo. O que elas retratam?

Vista da cidade do Recife, no estado de Pernambuco, em 2017 (1) e 2012 (2).

As fotografias retratam o mesmo local da cidade do Recife à noite. Na primeira, a cidade está iluminada; na segunda, percebemos que há falta de energia elétrica provavelmente por causa de um **apagão**.

apagão: situação em que há interrupção no fornecimento de eletricidade, que pode atingir trechos de um município ou até muitos municípios.

1. Em sua opinião, quais os problemas gerados pela falta de energia elétrica em situações como a apresentada na fotografia 2?

2. A energia elétrica é importante no seu dia a dia? Por quê?

A energia elétrica é um serviço público.

Os serviços públicos são aqueles considerados essenciais para a sobrevivência e o bem-estar da comunidade. Por isso, devem ser garantidos pelos governantes a toda a população. Os profissionais que trabalham nos serviços públicos também devem ser valorizados e respeitados.

O fornecimento de água, o tratamento de esgoto, a coleta de lixo, a educação, a saúde, os transportes e a segurança são exemplos de serviços públicos. Veja as fotografias da página seguinte.

Unidade 5

Posto de saúde em Santarém, no estado do Pará, em 2014.

Profissional fazendo coleta seletiva e regular em Campo Grande, no estado de Mato Grosso do Sul, em 2016.

Profissionais asfaltando rua em Pelotas, no estado do Rio Grande do Sul, em 2016.

3 Quais dos serviços públicos apresentados abaixo existem no lugar onde você mora? Marque com **X**.

- ☐ coleta de lixo
- ☐ escola pública
- ☐ policiamento
- ☐ limpeza de ruas
- ☐ hospital público
- ☐ tratamento de esgoto
- ☐ água encanada
- ☐ sinalização das ruas
- ☐ posto de saúde
- ☐ energia elétrica
- ☐ transporte público
- ☐ creche

4 Em sua opinião, quais dos serviços públicos existentes no lugar onde você vive são essenciais, ou seja, não podem faltar aos moradores? Por quê?

Troca de ideias

1. Você já pensou em quantas pessoas trabalham para que os serviços públicos sejam oferecidos nos lugares onde vivemos? Explique.

2. Quando os serviços públicos não são fornecidos à população, o que se pode fazer?

■ Água encanada

A água é essencial para todas as formas de vida no planeta Terra. Os vegetais e os animais (inclusive os seres humanos) necessitam dela para viver.

Leia

"Por que economizar água?" Aprendendo sobre uso racional da água

Quando abrimos a torneira, nem imaginamos de onde vem a água e as diversas etapas pelas quais passa para chegar até a nossa moradia. Veja isso a seguir, nas fotografias desta e da próxima página.

1 A água que utilizamos em nossas atividades diárias pode ser retirada de **represas** construídas pelo ser humano. Também pode ser retirada de rios ou outras fontes.

represa: construção em que se armazena a água de um rio; reservatório.

Represa de Morrinhos, no município de Poções, no estado da Bahia, em 2016.

2 Depois a água é tratada para eliminar organismos que podem prejudicar a saúde das pessoas. Isso é feito por meio de vários processos realizados nas estações de tratamento de água, como a da fotografia.

Estação de tratamento de água no município de Teresina, no estado do Piauí, em 2015.

3 Depois de tratada, a água é levada para reservatórios e deles para as moradias e outros estabelecimentos (como lojas, escritórios, fábricas) por canos que ficam abaixo do solo.

Obras de ampliação da rede de água no município de Blumenau, no estado de Santa Catarina, em 2015.

4 Chegando aos estabelecimentos, a água segue por canos menores até as torneiras, os chuveiros e os vasos sanitários, para ser utilizada pelas pessoas.

Nos locais onde não há água encanada, as pessoas costumam obtê-la em poços, **açudes**, minas de água ou diretamente dos rios. Mas essa água só deve ser ingerida ou usada para preparar alimentos depois de fervida ou tratada com cloro. Esse cuidado é fundamental porque a água pode estar contaminada por produtos químicos, restos de lixo e fezes, que são prejudiciais à saúde.

açude: construção para represar água; represa.

1 Faça uma pesquisa e descubra:

- Há estações de tratamento de água no município onde você mora?
- De onde vem a água que você e sua família consomem?
- A água que você e sua família utilizam é adequada para o consumo?

2 Leia abaixo o trecho de uma notícia sobre a falta de água no bairro Jardim Cananeia, no município de Pilar do Sul, no estado de São Paulo.

Moradores reclamam da falta de água em bairro de Pilar do Sul

Os moradores do Jardim Cananeia, em Pilar do Sul (estado de São Paulo), afirmam que estão há mais de 10 dias sem água pelo bairro. Segundo eles, foi preciso pegar água do rio e estocar galões para fazer as necessidades básicas da casa.

Em nota, a **Sabesp** afirmou que o abastecimento de água está normalizado e que as interrupções foram causadas pela alta do consumo decorrente do forte calor dos últimos dias e do aumento do número de pessoas no bairro, que triplicou durante o Ano-Novo. Além disso, a companhia informou que colocou caminhões-pipa para atender os pedidos emergenciais.

> **Sabesp:** empresa fornecedora de água à população em alguns municípios do estado de São Paulo.
> **IPTU:** sigla de Imposto Predial e Territorial Urbano; imposto que as pessoas e as empresas com imóveis (casas, prédios, terrenos) na cidade têm de pagar anualmente.

Para amenizar a falta de água, Reginaldo P. F. conta que precisou usar a água do rio para as necessidades básicas, como limpar a casa, lavar a louça e tomar banho. [...] Com as contas em dia, ele espera uma solução o quanto antes. "Nós pagamos nosso direito. Já mostramos nossas contas de água e **IPTU**. Queremos solução", afirma.

Moradores reclamam da falta de água em bairro de Pilar do Sul. **G1**, 3 jan. 2017. Disponível em: <http://g1.globo.com>. Acesso em: abr. 2018.

a) Qual serviço público não está sendo oferecido nesse bairro?

b) Segundo a notícia, quais as dificuldades que a população enfrentou em razão da falta desse serviço?

c) Quais outras dificuldades eles devem ter enfrentado?

_____

_____

d) Como um dos moradores conseguiu água para atender a algumas de suas necessidades básicas? Quais os problemas que o morador poderia ter por causa disso?

_____

_____

e) Em sua opinião, o que o morador quis dizer com a afirmação: "Nós pagamos nosso direito"? Converse com os colegas e o professor.

Vamos falar sobre...

O direito à água de qualidade

É dever dos governantes oferecer à população água apropriada ao consumo. Quando contaminada, a água pode colocar em risco a saúde das pessoas. Ela pode ser contaminada por organismos que causam doenças e por substâncias tóxicas presentes no esgoto, nos rejeitos industriais e nos **agrotóxicos**.

agrotóxico: produto químico utilizado nas plantações para controlar organismos que dificultam o crescimento dos vegetais.

Entre os principais males causados pela água contaminada estão a diarreia, a cólera e o envenenamento. Eles são responsáveis pela morte de muitas pessoas, principalmente crianças. Esses problemas, no entanto, podem ser resolvidos com o tratamento adequado da água consumida pela população, como visto anteriormente.

Manifestantes reclamam da falta de água tratada no município de Sobral, no estado do Ceará, em 2017.

- **Como podemos exigir nosso direito ao consumo de água de qualidade?**

73

Rede de esgotos

Para onde vai a água depois de utilizada em residências, lojas, escritórios, escolas, indústrias? Você já pensou nisso?

Parte dela vai para a rede de esgotos, um conjunto de encanamentos que passa embaixo das ruas para recolher a água utilizada. Algumas moradias e outras construções têm encanamentos que se ligam a essa rede.

Tratamento de esgoto

Da rede de esgotos, parte da água segue para as **estações de tratamento**. Nessas estações, ela passa por diversos processos até ficar limpa, sendo devolvida aos rios e mares sem causar danos à natureza e à saúde. Observe a fotografia ao lado e a ilustração abaixo.

Estação de tratamento de esgoto no município do Rio de Janeiro, no estado do Rio de Janeiro, em 2015.

Coleta de esgoto

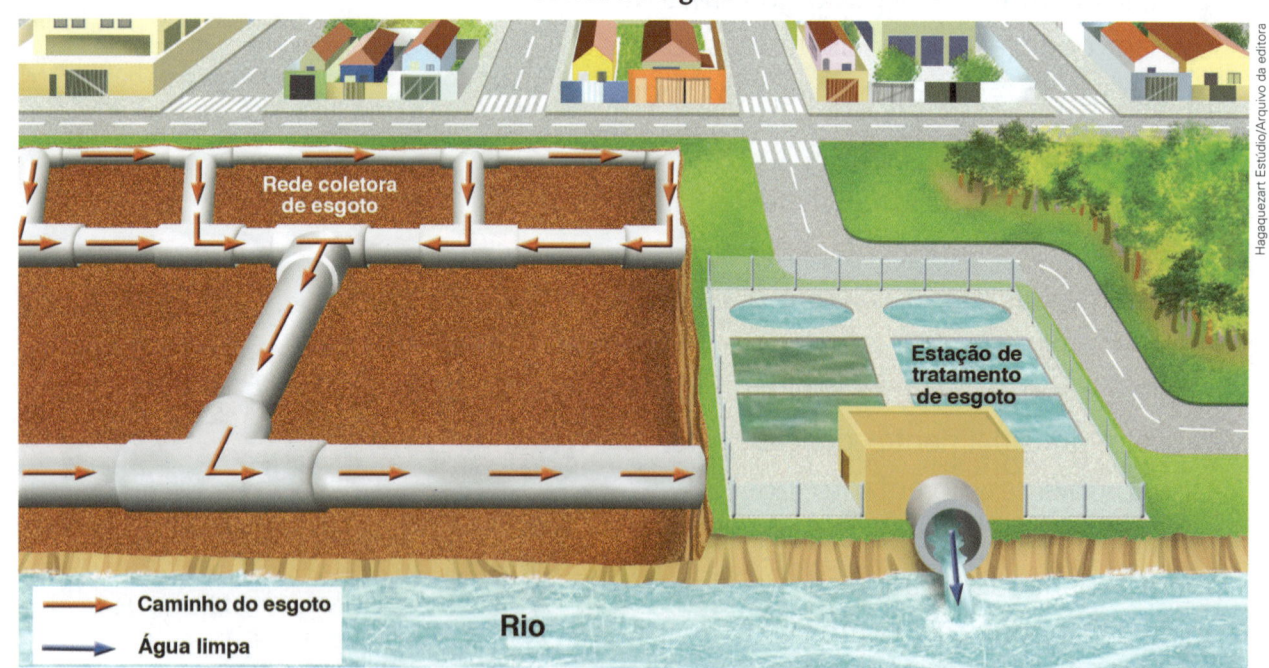

Ilustração sem escala.
Fonte: SABESP. **Como funciona a coleta de esgotos**. Disponível em: <http://site.sabesp.com.br>. Acesso em: abr. 2018.

A água utilizada percorre um longo trajeto, passando por tubulações cada vez maiores, até chegar à estação de tratamento de esgoto.

No Brasil, nem todo o esgoto vai para as estações de tratamento. Parte dele é despejada em fossas ou diretamente em rios, lagos ou mares.

1 Observe a fotografia ao lado e responda às questões a seguir.

a) Qual é a qualidade da água da praia mostrada na fotografia?

b) O que pode ocorrer com os seres vivos que habitam esse local?

Esgoto despejado em praia do município do Recife, no estado de Pernambuco, em 2014.

c) Em sua opinião, esse local pode ser utilizado para lazer? Por quê?

Se o esgoto for despejado em riachos, lagoas, rios ou mares, contaminará as águas. Isso prejudica a vida dos animais, dos vegetais e dos seres humanos. As águas contaminadas também não podem ser aproveitadas para atividades de recreação.

Praia imprópria para banho no município de Navegantes, no estado de Santa Catarina, em 2016.

2 Converse com seus pais ou responsáveis e descubra:

a) Há rede de esgotos na rua onde você mora? Marque sua resposta com **X**.

☐ Sim ☐ Não

b) Se não houver, qual é o destino da água utilizada em sua moradia?

Energia elétrica

A energia elétrica ilumina os ambientes, facilita a conservação de alimentos, permite o uso de diversos meios de comunicação e o funcionamento de aparelhos elétricos, entre muitas outras atividades.

A maior parte da energia elétrica gerada no Brasil vem das **usinas hidrelétricas**. Esse tipo de energia tem várias vantagens, pois aproveita os grandes volumes de água de alguns rios brasileiros e polui menos o ar do que a queima de combustíveis, como o petróleo e o carvão mineral.

usina hidrelétrica: construção que gera energia elétrica a partir da força da água dos rios.

No entanto, ela também apresenta problemas. Um deles é prejudicar a qualidade da água dos rios. Para gerar energia, a água do rio é represada. Assim, em vez de seguir o curso do rio, ela fica parada por um tempo nos reservatórios. Nos casos em que a vegetação não foi retirada antes da formação do lago artificial, a sua decomposição afeta a qualidade da água. Isso aconteceu, por exemplo, nos casos das hidrelétricas de Tucuruí (Pará), Balbina (Amazonas) e Santo Antônio (Rondônia). Observe a fotografia.

Floresta inundada pela barragem da Usina Hidrelétrica de Santo Antônio, no município de Porto Velho, no estado de Rondônia, em 2016.

Rede de transmissão e distribuição de energia elétrica

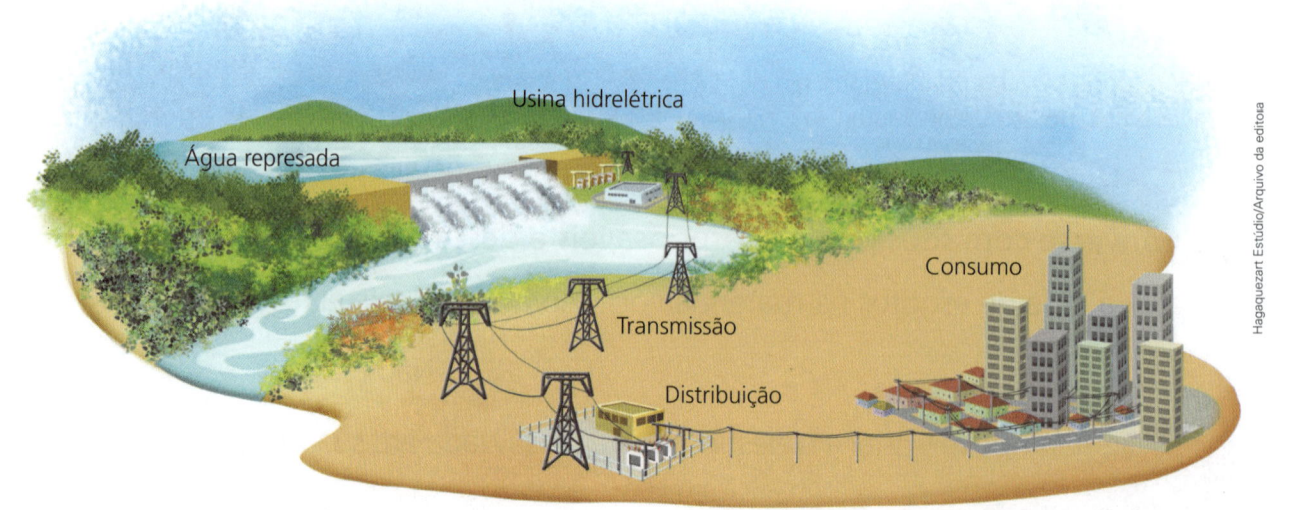

Ilustração sem escala. Elaborada pelos autores.

A eletricidade que sai das usinas segue para as redes de transmissão, que, por sua vez, distribuem a energia elétrica para casas e estabelecimentos por meio de fios presos aos postes ou aterrados no solo.

Unidade 5

Coleta e destinação dos resíduos

Todos os dias, principalmente nas grandes cidades, onde vivem muitas pessoas, são produzidas **toneladas** de resíduos de diferentes tipos: secos (embalagens de vidro e plástico, garrafas, latas, papel, entre outros) e úmidos (restos de alimentos, resíduos de banheiro). Os restos de alimentos também são chamados resíduos orgânicos.

tonelada: unidade de medida equivalente a mil quilogramas.

Toda essa quantidade de resíduos gerada pelas atividades humanas precisa ter um destino adequado. Do contrário, pode contaminar o ambiente, deixar os lugares mal-cheirosos e atrair insetos e outros animais transmissores de doenças para as pessoas. Por isso, a coleta e a destinação do lixo são consideradas serviços públicos essenciais.

Para onde vão os resíduos que descartamos?

No Brasil, parte dos resíduos recolhidos vai para os aterros sanitários, que devem ser construídos longe das áreas ocupadas pelas pessoas. Nos aterros, eles são depositados entre camadas de terra e de uma manta que não permite que o **chorume** entre em contato com o solo. Assim, evita-se a poluição do solo e das **águas subterrâneas**, o mau cheiro e a proliferação de insetos e outros animais.

chorume: líquido escuro, de cheiro ruim, proveniente da decomposição de restos de alimentos.
água subterrânea: água que está abaixo do solo.

Outra parte dos resíduos gerados no Brasil vai para os lixões a céu aberto. No entanto, recentemente foi criada uma lei que determina que todos os lixões sejam substituídos por aterros sanitários no futuro.

Aterro sanitário no município de Maceió, no estado de Alagoas, em 2014.

Lixão na periferia da cidade de São Félix do Xingu, no estado do Pará, em 2016.

Ampliar horizontes

Reciclagem e reutilização de resíduos

Será que tudo o que mandamos para o lixo não tem mais utilidade?

Grande parte do que jogamos fora pode ser reciclado ou reutilizado.

Leia
Reciclagem: a aventura de uma garrafa

Os resíduos orgânicos podem ter como destino as usinas de compostagem. Lá eles são transformados em adubo, utilizado na agricultura para melhorar a qualidade do solo.

O que não é orgânico também pode ser destinado à reciclagem. Nesse processo, os resíduos secos coletados são separados de acordo com os materiais, como papel, vidro, plástico ou metal, e encaminhados para a fabricação de novos produtos. Algumas cidades brasileiras adotam essa prática. Com isso, diminui-se a quantidade de lixo e também a retirada de **recursos naturais** para a fabricação de novos produtos.

Lixeiras para resíduos secos e orgânicos no município de São Paulo, no estado de São Paulo, em 2014. A separação do lixo facilita a reciclagem dos materiais.

recurso natural: elemento da natureza utilizado pelo ser humano (água, luz do Sol, animais, vegetais, etc.).

As latinhas de alumínio são prensadas formando grandes pacotes, mais fáceis de transportar para o local onde elas serão transformadas. Depois de muitos processos, as latinhas usadas e recicladas se transformam em novas latinhas.

Centro de reciclagem de alumínio, no município de São Paulo, no estado de São Paulo, em 2015.

Unidade 5

Camiseta produzida a partir da reciclagem de garrafas de plástico.

Outra parte do que descartamos pode ser reutilizada. São exemplos: potes de sorvetes e recipientes de vidro, que, depois de limpos, servem para guardar objetos ou alimentos; roupas e toalhas velhas, que podem virar panos de chão.

Além de destinar corretamente os resíduos e reaproveitá-los, é fundamental reduzir a quantidade de lixo produzida.

Você já reparou na quantidade de lixo que sua família produz todos os dias? Faça as atividades a seguir com seus pais ou responsáveis e descubra!

1 Do que é composta a maior parte do lixo produzido em sua moradia: restos de comida, papéis ou embalagens de plástico, vidro ou metal?

....

....

2 Quando você e sua família vão às compras, transportam os produtos em sacolas reutilizáveis (como as de tecido) ou plásticas? Por que fazem essa escolha?

....

....

3 Do que são feitas as embalagens dos principais produtos consumidos por sua família? Vocês preferem os produtos que usam menos embalagens ou não se importam com esse aspecto?

Conectando saberes

Resíduos e doenças

Em 2016, foram gerados quase 72 milhões de toneladas de resíduos sólidos só nos municípios do Brasil. Desse total, 7 milhões de toneladas de lixo tiveram destino impróprio.

A destinação inadequada do lixo pode trazer várias consequências ruins para as pessoas e outros seres vivos. Uma delas é a proliferação de doenças. Conheça algumas delas a seguir.

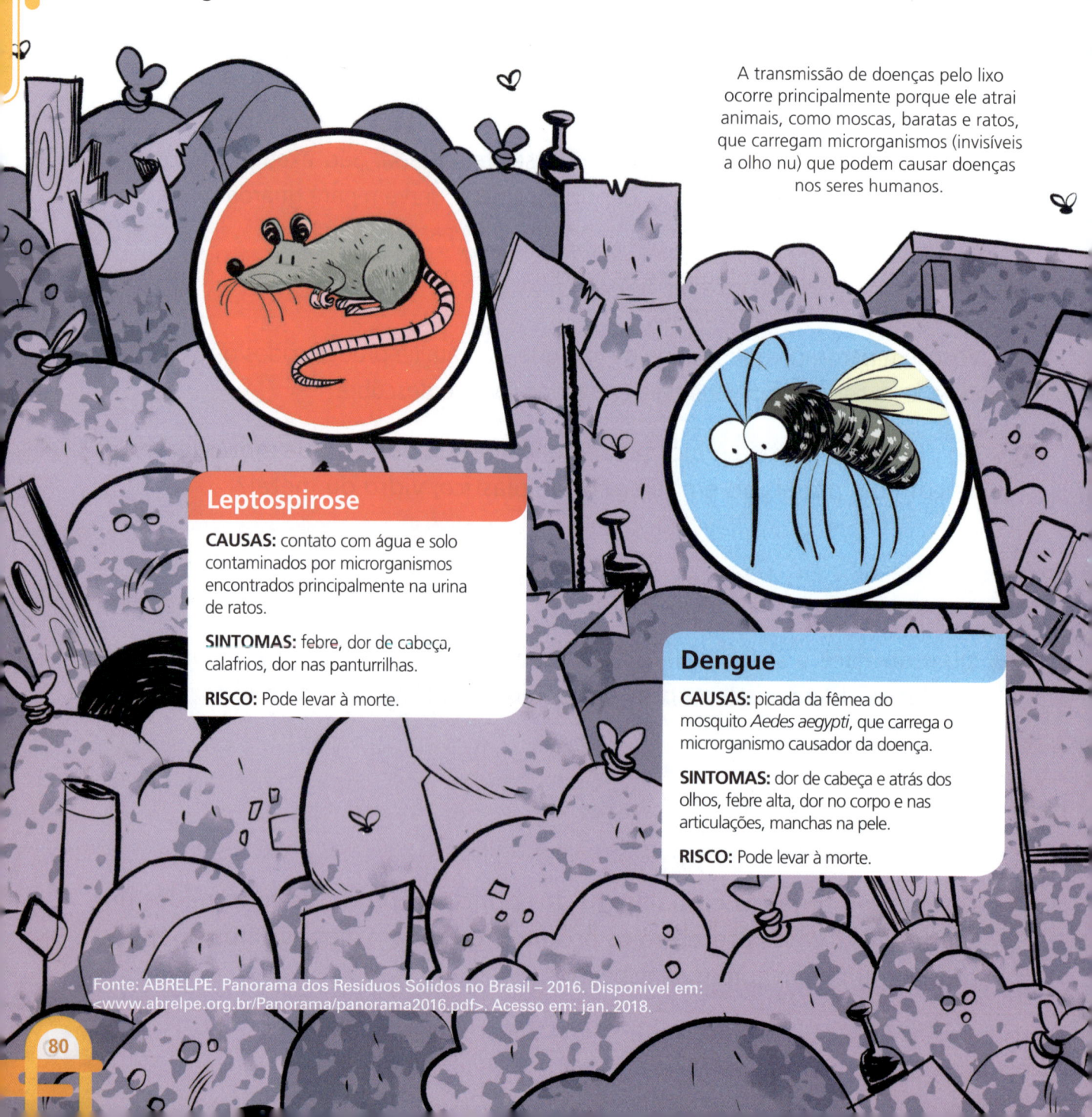

A transmissão de doenças pelo lixo ocorre principalmente porque ele atrai animais, como moscas, baratas e ratos, que carregam microrganismos (invisíveis a olho nu) que podem causar doenças nos seres humanos.

Leptospirose

CAUSAS: contato com água e solo contaminados por microrganismos encontrados principalmente na urina de ratos.

SINTOMAS: febre, dor de cabeça, calafrios, dor nas panturrilhas.

RISCO: Pode levar à morte.

Dengue

CAUSAS: picada da fêmea do mosquito *Aedes aegypti*, que carrega o microrganismo causador da doença.

SINTOMAS: dor de cabeça e atrás dos olhos, febre alta, dor no corpo e nas articulações, manchas na pele.

RISCO: Pode levar à morte.

Fonte: ABRELPE. Panorama dos Resíduos Sólidos no Brasil – 2016. Disponível em: <www.abrelpe.org.br/Panorama/panorama2016.pdf>. Acesso em: jan. 2018.

1 Com base nas informações que você leu, explique como ocorre a transmissão de doenças pelo lixo.

2 Os aterros sanitários são outro destino dos resíduos produzidos no Brasil. Neles, os resíduos são depositados entre camadas de terra e de uma manta que não permite que o chorume entre em contato com o solo.

- Em sua opinião, os aterros sanitários são locais apropriados para o destino do lixo? Explique.

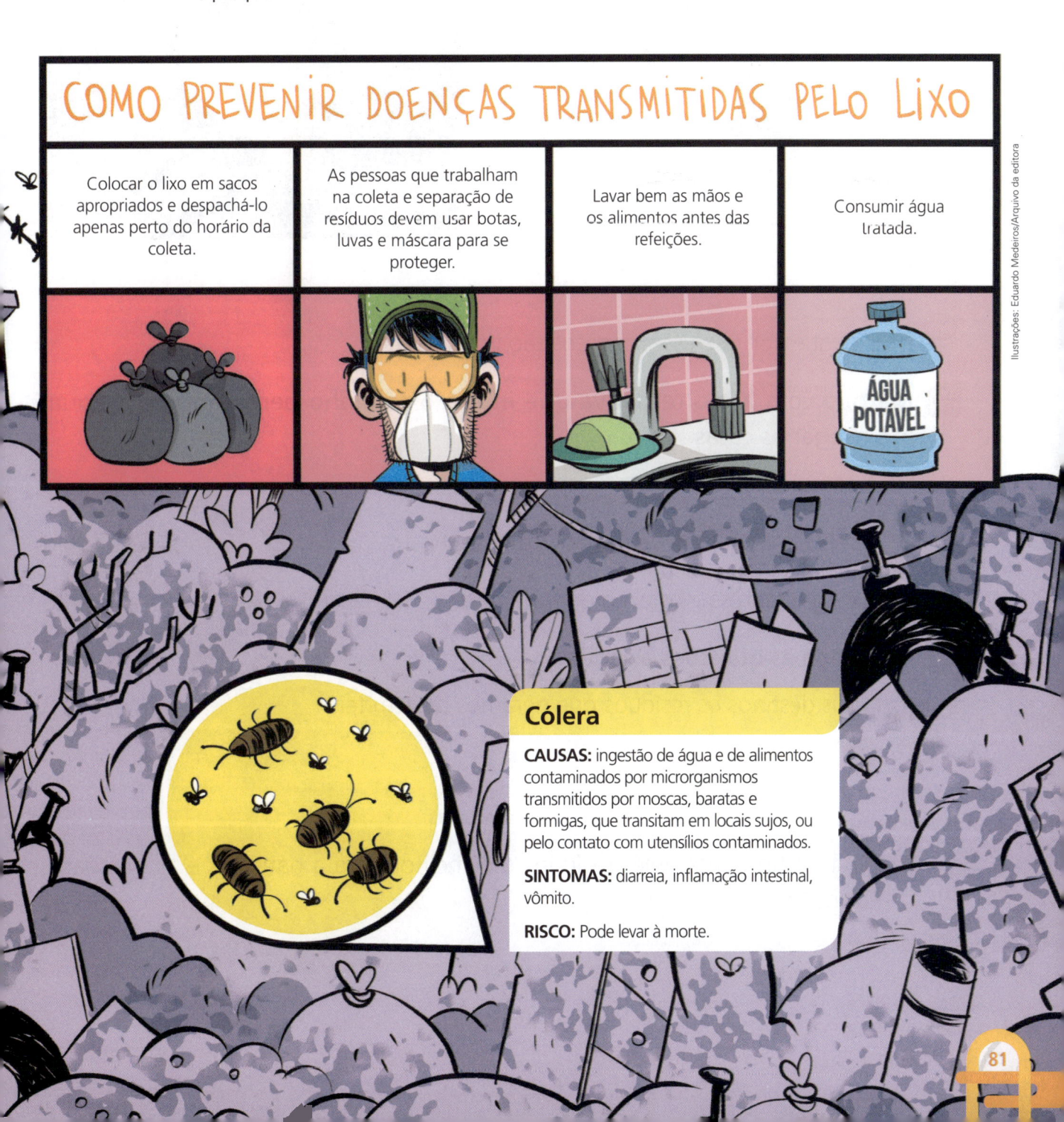

COMO PREVENIR DOENÇAS TRANSMITIDAS PELO LIXO

Colocar o lixo em sacos apropriados e despachá-lo apenas perto do horário da coleta.	As pessoas que trabalham na coleta e separação de resíduos devem usar botas, luvas e máscara para se proteger.	Lavar bem as mãos e os alimentos antes das refeições.	Consumir água tratada.

Ilustrações: Eduardo Medeiros/Arquivo da editora

Cólera

CAUSAS: ingestão de água e de alimentos contaminados por microrganismos transmitidos por moscas, baratas e formigas, que transitam em locais sujos, ou pelo contato com utensílios contaminados.

SINTOMAS: diarreia, inflamação intestinal, vômito.

RISCO: Pode levar à morte.

Vamos retomar

1 Escreva o nome dos serviços que estão faltando nos locais retratados.

_____

- Explique por que esses serviços são importantes.

2 Marque com **X** a alternativa que indica o caminho percorrido pela água até chegar às casas.

☐ estação de tratamento – represa – casa

☐ represa – estação de tratamento – casa

☐ casa – represa – estação de tratamento

3 Responda às questões a seguir.

a) Quais destinos os resíduos que geramos podem ter?

_____

_____

b) Qual destino para esses resíduos é o melhor para a natureza e as pessoas? Por quê?

_____

Autoavaliação

Vamos pensar sobre o que você aprendeu nesta unidade?
Marque com **X** a opção que melhor representa sua resposta a cada pergunta abaixo.

	😄	🤔	😕
1. Você reconhece a importância dos serviços públicos e os problemas causados pela falta deles?			
2. Você reconhece que o acesso à água potável é um direito?			
3. Você entendeu de onde vem a água consumida na sua casa e se ela é adequada ao consumo?			
4. Você chegou à conclusão de que o represamento das águas para a geração de energia elétrica pode comprometer o abastecimento de água?			
5. Você consegue classificar os tipos de resíduos produzidos nas moradias?			
6. Você concluiu que é possível reduzir a quantidade de lixo, reutilizar e reciclar materiais?			

Sugestões

Para ler

- **"Por que economizar água?" Aprendendo sobre uso racional da água**, de Jen Green e Mike Gordon. São Paulo: Scipione, 2016.

  O livro nos ajuda a pensar sobre a importância do uso racional da água, atitude que evita o desperdício e preserva a natureza. Também estimula a reflexão sobre as consequências do uso exagerado da água.

- **Reciclagem: a aventura de uma garrafa**, de Mick Manning e Brita Granström. São Paulo: Ática, 2017.

  Este livro conta os caminhos que uma garrafa pode percorrer depois que é descartada, ensinando também um pouco sobre a poluição e a importância da reciclagem.

UNIDADE 6

O trabalho

Nesta unidade você vai:

- Reconhecer a importância de todos os trabalhadores.
- Identificar algumas características do trabalho indígena.
- Concluir que o trabalho é um direito de todos.
- Reconhecer as características de uma maquete.
- Utilizar noções espaciais (direita, esquerda, frente, atrás, do lado, perto) para localizar elementos em uma representação em visão vertical.

1. Que trabalhadores são mostrados nas fotografias?
2. Quais outros tipos de trabalho você conhece?
3. Você considera o trabalho importante? Por quê?

1. Motorista de ônibus municipal em São Paulo, no estado de São Paulo, em 2016.
2. Trabalhadores de indústria de calçados no município de Novo Hamburgo, no estado do Rio Grande do Sul, em 2016.

1

2

A importância do trabalho

Pense nos lugares que você frequenta: moradias, escolas, hospitais, lojas, espaços de lazer, entre outros. Todos eles só existem e funcionam por causa do trabalho de várias pessoas, como pedreiros, professores, médicos, dentistas, faxineiros, vendedores e porteiros.

Os calçados, os alimentos, as roupas, os móveis, o material escolar, o transporte, os diversos serviços públicos, que você estudou na unidade anterior, e tudo mais que usamos no dia a dia são resultado do trabalho de muitas pessoas. Alguns desses trabalhadores nós conhecemos e até convivemos com eles; outros, nem imaginamos que existem. Observe as fotografias.

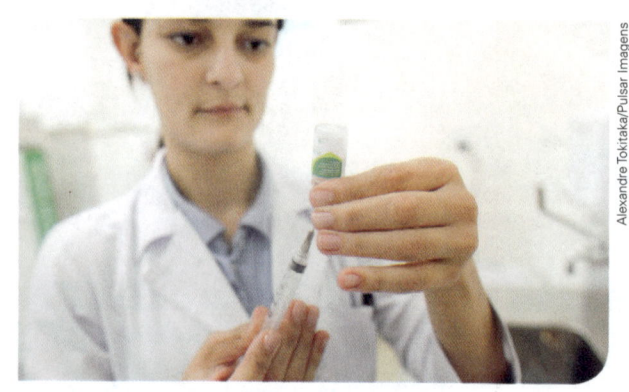

Agente de saúde no município de São Paulo, no estado de São Paulo, em 2017.

Separadoras de material para reciclagem no município de São José dos Pinhais, no estado do Paraná, em 2015.

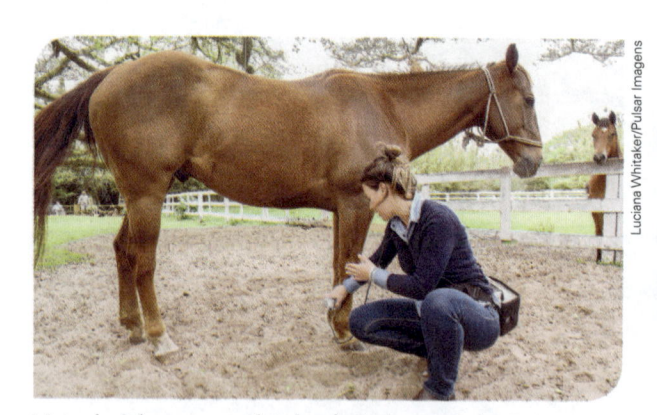

Veterinária no município de Palmares do Sul, no estado do Rio Grande do Sul, em 2016.

Operários na construção de galeria para a passagem de água no município de Jati, no estado do Ceará, em 2016.

As pessoas trabalham por diversos motivos: garantir o próprio sustento e o da família, desenvolver um talento, contribuir com as pessoas. Seja qual for o motivo, é sobretudo por meio do trabalho que as pessoas conseguem dinheiro para comprar os produtos e pagar pelos serviços de que necessitam.

1) Leia o texto a seguir.

> O meu pai é _____ e dá um monte de aulas e a minha mãe nunca tem hora pra sair do banco... Então, o vô e a vó sempre cuidaram de mim e da Lua. [...]
>
> O vô Zinho tem uma *van* bem grande, daquelas que levam as crianças pra escola. E trazem de volta também! Sempre vou com ele para o colégio de manhã.
>
> CAMPOS, Carmem Lucia. **Meu avô africano**. São Paulo: Panda Books, 2010. p. 8 e 12.

a) O pai da pessoa que narra o texto exerce qual trabalho? Escreva na lacuna do texto.

b) Que outros tipos de trabalho são citados no texto?

_____

_____

2) Em grupos, façam cartazes sobre o tema **trabalho**. Sigam o roteiro:

1. Pesquisem em jornais, revistas e na internet fotografias de diferentes tipos de trabalhadores.

2. Colem as fotografias em uma cartolina. Criem uma legenda para cada uma, informando a atividade que as pessoas realizam e qual é a importância desse trabalho.

3. Apresentem o cartaz para o restante dos colegas. Ao final, montem um mural com todos os trabalhos.

Troca de ideias

- Que tipo de trabalho você gostaria de realizar quando for adulto? Por quê?

Trabalho indígena

Observe as fotografias.

1 Indígenas waurás pescando na lagoa Piyulaga, no município de Gaúcha do Norte, no estado de Mato Grosso, em 2016.

2 Indígena aparai-wayana preparando massa da mandioca para fazer beiju e farinha na aldeia Bona, na Serra do Tumucumaque, no estado do Amapá, em 2015.

1 O que as pessoas retratadas estão fazendo?

....

2 Em sua opinião, essas atividades são consideradas trabalho? Explique.

Nas sociedades não indígenas, a maioria dos trabalhadores recebe dinheiro em troca dos trabalhos realizados. Já entre os indígenas é raro receberem dinheiro pelo trabalho que realizam. Esses trabalhos, no entanto, são essenciais para a sobrevivência deles. Leia o texto da página seguinte e conheça um pouco mais sobre algumas características do trabalho entre povos indígenas.

Unidade 6

Algumas características do trabalho indígena

[...] Cada membro de uma sociedade indígena realiza um tipo de trabalho. Há trabalhos só para homens e trabalhos só para mulheres, e essa divisão não pode ser desrespeitada.

O homem cuida da segurança da aldeia, das decisões políticas, da educação dos filhos maiores, das atividades de caça e pesca, do preparo das roças e da fabricação de objetos.

As mulheres preparam alguns alimentos, cuidam da educação dos filhos menores, dão especial atenção às filhas que estão se tornando moças e também confeccionam alguns objetos. [...]

MUNDURUKU, Daniel. **Coisas de índio (versão infantil)**.
São Paulo: Callis, 2010. p. 53.

3 Marque **V** para a frase verdadeira e **F** para a falsa de acordo com o texto.

☐ Nas sociedades indígenas, homens e mulheres realizam os mesmos trabalhos.

☐ Nas sociedades indígenas, o trabalho é dividido entre homens e mulheres.

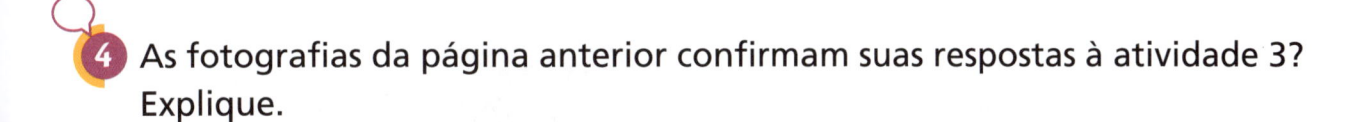

4 As fotografias da página anterior confirmam suas respostas à atividade 3? Explique.

Vamos falar sobre...

Colaboração entre homens e mulheres

Embora existam diferentes povos indígenas, cada um com seus próprios costumes e modos de vida, a divisão de tarefas entre homens e mulheres é um aspecto importante em todos eles.

Essa divisão de tarefas funciona de modo a fazer com que o trabalho de um complemente o trabalho do outro, ou seja, os trabalhos de homens e de mulheres, somados, garantem a qualidade de vida de todos.

- Nos grupos de que você participa, existe colaboração entre homens e mulheres? Dê um exemplo.

O trabalho e as profissões

As pessoas que trabalham costumam exercer uma **profissão**, que é um conjunto de conhecimentos adquiridos por meio dos estudos ou da própria prática ou da experiência profissional.

Você já viu que dependemos do trabalho de várias pessoas. Assim, todas as profissões contribuem para a vida em sociedade. Observe alguns exemplos.

Agricultora limpando os canteiros da horta no município de Santa Maria, no estado do Rio Grande do Sul, em 2014.

Engenheiros civis orientando a construção de galeria para a passagem de água no município de Salgueiro, no estado de Pernambuco, em 2015.

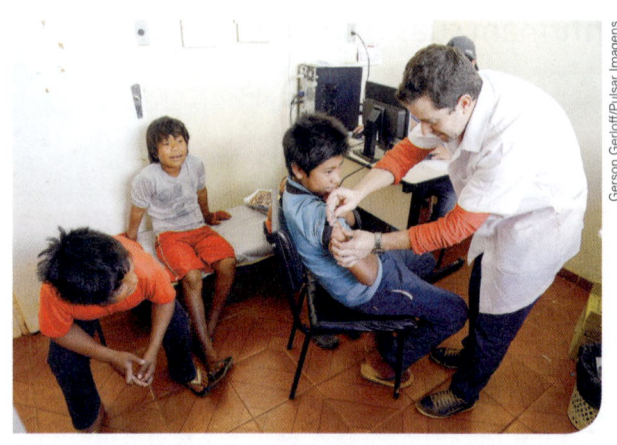

Enfermeiro aplicando vacina em crianças kaingangs no posto de saúde da Reserva do Guarita no município de Redentora, no estado do Rio Grande do Sul, em 2014.

Cozinheiro em restaurante preparando rocambole no município de Lagoa Dourada, no estado de Minas Gerais, em 2014.

1 Quais das profissões acima você observa no lugar onde vive?

Unidade 6

2 Leia um trecho desta letra de canção.

Leia
Letras cadentes

Criança não trabalha

Lápis, caderno, chiclete, peão,
Sol, bicicleta, *skate*, calção,
Esconderijo, avião, correria,
Tambor, gritaria, jardim, confusão
[...]

[refrão]
Criança não trabalha
Criança dá trabalho
Criança não trabalha

TATIT, Paulo; ANTUNES, Arnaldo. In: CD **Canções curiosas**, gravadora Palavra Cantada © by Universal Music Publishing MGB Brasil Ltda./Rosa Celeste Empreendimentos Artísticos Ltda.

a) Qual é o título da canção? Você concorda com ele? Por quê?

b) Você conhece crianças que trabalham? O que elas deixam de fazer por causa do trabalho?

c) Na letra da canção, os compositores listaram uma série de palavras; na sequência, colocaram o refrão. Em sua opinião, por que eles usaram essa estrutura e essas palavras?

Ampliar horizontes

O trabalho das pessoas com deficiência

Todo adulto tem direito a exercer um trabalho.

No Brasil, uma lei obriga as empresas com mais de 100 funcionários a contratar profissionais com algum tipo de deficiência. Essas pessoas devem ter horário de trabalho flexível, de acordo com sua deficiência, e as condições do local de trabalho devem ser adequadas às suas necessidades.

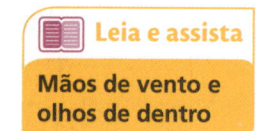

Leia abaixo um trecho de uma reportagem sobre o assunto.

Leia e assista
Mãos de vento e olhos de dentro

Diversos cargos podem ser ocupados por pessoas portadoras de deficiência. […]

A auxiliar de escritório Joice L. F., 20 anos, possui apenas 20% de visão e comenta que está em seu primeiro emprego, no qual já completa dois anos de atuação. "Foi muito bom entrar no mercado de trabalho. […] Aqui desempenho serviços normais. Sou responsável por marcar e organizar as entrevistas de emprego, arquivar documentos e trabalho com um programa especial no computador", relata.

Joice diz que sua **autoestima** melhorou muito. "Me orgulho em poder adquirir minhas coisas com meu dinheiro, meu trabalho. Busco mostrar para todos que é possível. Assim como eu posso, os outros também podem."

autoestima: capacidade de gostar de si mesmo, valorizar-se.

Inserção no mercado de trabalho desenvolve autoestima e autonomia.
Folha do Sul, 3 dez. 2015. Disponível em: <www.jornalfolhadosul.com.br>.
Acesso em: abr. 2018.

---

1 Considerando o principal assunto da reportagem, crie um título para ela. Escreva nas linhas antes da reportagem.

2 Por que é importante que as pessoas com deficiência tenham garantido o direito ao trabalho? Converse com os colegas e o professor.

3 Pinte somente as afirmações corretas.

> No Brasil, não há uma lei que obriga as empresas a contratar profissionais com deficiência.

> Todo adulto tem direito de exercer um trabalho.

> As condições e o local de trabalho devem ser adaptados às necessidades dos profissionais com algum tipo de deficiência.

4 Observe a ilustração e responda às questões.

a) O que as crianças estão fazendo?

_____

b) Uma das crianças possui uma deficiência. Que tipo de deficiência ela possui?

_____

c) Ela parece ter alguma dificuldade para realizar a atividade? Por quê?

d) Qual das profissões abaixo essa criança poderá exercer quando se tornar adulta? Marque a resposta com **X**.

☐ professora ☐ advogada ☐ cantora

Representar o mundo

Uma forma de representar a cidade

Nesta unidade, você estudou a importância de todos os trabalhadores. Pelo trabalho as pessoas modificam a natureza e transformam os espaços, visando atender a seus desejos e necessidades. Um exemplo são as cidades, construídas ao longo do tempo, com o trabalho de diversas pessoas. Observe as fotografias abaixo.

Fotografias: Paulo Manzi/Acervo do fotógrafo

1 As fotografias acima retratam que tipo de representação de um trecho de cidade? Marque com **X**.

☐ imagem de satélite ☐ maquete ☐ ilustração

Unidade 6

2 Complete as frases abaixo com o número correto.

a) A fotografia .... da página 94 apresenta o local visto de cima e de lado, ou seja, uma visão oblíqua.

b) A fotografia .... apresenta o local visto de cima para baixo, isto é, uma visão vertical.

3 Observe os seguintes elementos da maquete da página anterior. Escreva o elemento que aparece em maior número em cada fotografia, completando as frases a seguir.

a) Na fotografia A estão em maior número ....

b) Na fotografia B estão em maior número ....

c) Na fotografia C estão em maior número ....

4 Escolha um elemento que existe na cidade do município onde você vive: pode ser uma árvore, um carro, uma casa, entre outros.

• Em uma folha à parte, desenhe esse elemento nas duas visões: de cima e de lado (visão oblíqua) e de cima para baixo (visão vertical).

Vamos retomar

1 Observe esta ilustração na visão vertical. Ela retrata profissionais de uma editora, que fazem um objeto que você utiliza todos os dias na escola.

a) Siga as pistas dadas pelos profissionais envolvidos na elaboração desse objeto e complete as frases abaixo.

- Sou o editor de texto. Do meu lado direito fica um cesto de lixo. Minha mesa é a de cor ....

- Eu sou o produtor gráfico e sou responsável por preparar a impressão. Trabalho ao lado do armário. Minha mesa é a de cor ....

- Sou o diagramador, o profissional que organiza os textos e as imagens na página. Estou sentado atrás do editor. Minha mesa é a de cor ....

- Eu sou o ilustrador. Minha mesa fica perto da janela. Ela é a de cor ....

- Sou a revisora de texto. Do meu lado esquerdo está a porta. Minha mesa é a de cor ....

b) Qual é o objeto que esses profissionais produzem?

....

Unidade 6

Autoavaliação

Vamos pensar sobre o que você aprendeu nesta unidade?
Marque com **X** a opção que melhor represente sua resposta a cada pergunta abaixo.

	😄	🤔	🙁
1. Você reconhece a importância de todos os trabalhadores?			
2. Você identifica algumas características do trabalho indígena?			
3. Você concluiu que todas as pessoas têm direito ao trabalho?			
4. Você reconhece as características de uma maquete?			
5. Você conseguiu localizar elementos em uma representação em visão vertical a partir de noções espaciais (direita, esquerda, frente, atrás, do lado, perto)?			

Sugestões

Para ler

- **Letras cadentes**, de Sônia Barros. São Paulo: Atual, 2011.

  Benedito é um menino que recolhe papelão nas ruas, cuida do irmão mais novo, pesca, joga bola e empina pipa. Mas seu sonho é poder frequentar a escola para um dia desenhar e desvendar palavras.

- **Mãos de vento e olhos de dentro**, de Lô Galasso. São Paulo: Scipione, 2002.

  O livro conta a história de Lia e Tico, dois amigos que se divertem observando as figuras que as nuvens formam no céu. Quando descobre que Lia é cega, Tico começa a modelar a forma das nuvens em argila, para que a amiga, pelo tato, conheça as formas e as figuras.

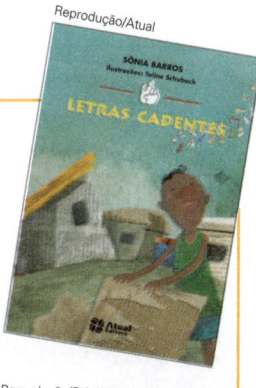

Para assistir

- **Mãos de vento e olhos de dentro**, de Susanna Lira. Brasil, 2008. Disponível em: <http://portacurtas.org.br>. Acesso em: abr. 2018.

  Baseado no livro de mesmo título, o filme conta a história de amizade entre Lia, uma menina cega, e Tico, um menino cheio de imaginação.

UNIDADE 7

O trabalho na cidade e no campo

Nesta unidade você vai:

- Reconhecer algumas características do trabalho na cidade e no campo.
- Concluir que os recursos da natureza são essenciais às atividades humanas.
- Reconhecer a importância da conservação da água.
- Identificar modos de vida de alguns povos e comunidades tradicionais.
- Reconhecer algumas dificuldades enfrentadas por povos e comunidades tradicionais no Brasil.

1. O que você observa nas fotografias? Elas retratam o campo ou a cidade?
2. Que trabalhos são mostrados nas fotografias? Qual é a importância de cada um deles?
3. Que outras atividades podem ser praticadas na cidade? E no campo?
4. O lugar onde você mora é mais parecido com o lugar retratado em qual fotografia? Por quê?

1. Agente de trânsito no município de São Paulo, no estado de São Paulo, em 2013.
2. Colheita mecanizada de trigo no município de Nova Fátima, no estado do Paraná, em 2015.

Gabriela Biló/Acervo da fotógrafa

1

2

Ernesto Reghran/Pulsar Imagens

99

Na cidade ou no campo?

Na unidade anterior você aprendeu sobre a importância do trabalho para os seres humanos e que existem diferentes tipos de trabalho e profissões.

A maior parte das atividades de trabalho é realizada na cidade, mas existem muitas praticadas no campo. Algumas atividades ocorrem tanto no campo como na cidade. Veja alguns exemplos.

O corte de árvores pode ter vários objetivos: obter madeira para ser transformada em outros produtos ou abrir áreas para o cultivo, a criação de gado ou a construção civil.

Extração de madeira para a construção civil e a fabricação de móveis no município de Paragominas, no estado do Pará, em 2014.

Além de alimentos e produtos de higiene e de limpeza, os hipermercados vendem produtos eletrônicos, ferramentas, roupas, calçados, brinquedos, entre outros.

Comércio em hipermercado no município de Altamira, no estado do Pará, em 2014.

Unidade 7

3

O trem é um meio de transporte usado para deslocar grande quantidade de pessoas para o local de trabalho e outros destinos.

Transporte público no município de Juazeiro do Norte, no estado do Ceará, em 2015.

Uma das atividades da indústria é transformar produtos, como a madeira, em outros produtos, como móveis.

4

Indústria de móveis no município de Arapongas, no estado do Paraná, em 2017.

5

A agricultura é a atividade de cultivo de plantas para a alimentação e para a fabricação de outros produtos pelas indústrias.

Cultivo de alface no município de Paulo Lopes, no estado de Santa Catarina, em 2016.

A brita é obtida por meio da fragmentação de rocha encontrada no subsolo (abaixo do solo) e é utilizada no asfaltamento de ruas, por exemplo.

6

Extração de rocha para a produção de brita no município de Cachoeira, no estado da Bahia, em 2016.

101

1 Em quais espaços ocorrem as atividades retratadas nas páginas 100 e 101: espaço urbano (cidade) ou espaço rural (campo)? Responda.

a) Extração de madeira: ....

b) Comércio em hipermercado: ....

c) Transporte: ....

d) Indústria de móveis: ....

e) Cultivo de alface: ....

f) Extração de rocha: ....

2 Quais fotografias das páginas 100 e 101:

a) retratam atividades de trabalho que geram produtos? Que produtos são esses?

....

....

....

b) retratam atividades de trabalho que não geram produtos? O que elas mostram?

....

....

....

c) retratam a utilização ou a extração direta de elementos da natureza? Quais são esses elementos?

....

....

Unidade 7

O trabalho e os recursos da natureza

Você viu que algumas atividades de trabalho, como a agricultura e o extrativismo, dependem diretamente da utilização ou da extração de recursos da natureza. No entanto, todos os produtos que consumimos e utilizamos têm sua origem na retirada de elementos da natureza, no cultivo de plantas ou na criação de animais.

A madeira, por exemplo, é utilizada em construções e na confecção de móveis, lápis, instrumentos musicais, entre outros produtos; verduras, legumes, frutas e cereais são consumidos diretamente ou transformados em outros produtos, como no exemplo abaixo.

O algodão é um vegetal cultivado para diversos fins, como a produção de tecidos, que são transformados em roupas, lençóis, toalhas, entre outros. Observe as fotografias.

Colheita de algodão em Campina Grande, no estado da Paraíba, em 2016.

Indústria têxtil (de tecido) em Amparo, no estado de São Paulo, em 2015.

Crianças vestindo camisetas de algodão.

A água é um recurso da natureza importante em praticamente todas as atividades de trabalho. Ela é necessária, por exemplo, no cultivo de vegetais (para irrigar as plantações), na criação de animais (para matar a sede dos animais), na fabricação de produtos (na indústria, a água é usada para dissolver materiais, para lavar produtos, embalagens e resfriar as máquinas, entre outros) e na prestação de serviços (para limpeza em geral). Além disso, a água é essencial nas moradias, sendo usada para a preparação dos alimentos, a limpeza e a higiene. Isso sem contar na importância dela para todos os seres vivos. Veja a ilustração ao lado.

Se os recursos da natureza, especialmente a água, são tão importantes para a vida das pessoas, então devemos cuidar bem deles, não é? Mas será que fazemos isso?

Observe a fotografia a seguir.

Leia

O menino que gostava de pássaros (e de muitas outras coisas)

De toda a água consumida no mundo:

70% são utilizados na agricultura

19% são utilizados na indústria

11% são utilizados em moradias, lojas e escritórios

UNESCO. **Relatório Mundial das Nações Unidas sobre o Desenvolvimento dos Recursos Hídricos 2017**. Disponível em: <http://unesdoc.unesco.org>. Acesso em: abr. 2018.

Rio poluído por esgoto no município de Recife, no estado de Pernambuco, em 2015.

O esgoto é um dos principais poluidores das fontes da água usada para o consumo humano, como os rios. Isso afeta gravemente a disponibilidade de água para as pessoas, além de provocar a morte de peixes e outros animais.

Para o desenvolvimento das plantas, são necessárias grandes quantidades de água. O sistema de irrigação (veja um exemplo na fotografia abaixo) deve ser adequado a determinados tipos de solo e de planta, caso contrário pode ocasionar desperdício de água, comprometendo a quantidade de água disponível para o consumo humano, além de prejudicar o solo e as plantas.

Plantação de milho sendo irrigada no município de Mucugê, estado da Bahia, em 2016.

1 Quais serviços públicos são fundamentais para manter a qualidade da água, essencial para a vida das pessoas?

2 Qual é a importância de utilizar sistemas de irrigação que não desperdicem água?

O trabalho de povos e de comunidades tradicionais

Povos e comunidades tradicionais, como quilombolas, caiçaras, seringueiros, ribeirinhos, entre outros, geralmente utilizam os conhecimentos gerados na própria comunidade e que são transmitidos de geração em geração.

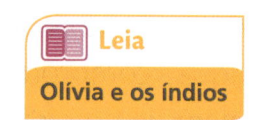

Leia
Olívia e os índios

A sobrevivência dessas comunidades e as atividades de trabalho realizadas por elas dependem diretamente dos recursos naturais, importantes para a reprodução dos seus hábitos e costumes. Por isso, elas são grandes conhecedoras da natureza do local onde vivem e costumam realizar seu trabalho visando a sua conservação.

Conheça um pouco sobre o trabalho de algumas comunidades tradicionais do Brasil.

Quilombolas

Essas comunidades são formadas por descendentes de pessoas que foram trazidas à força da África para trabalhar como escravizados no Brasil. Antes do fim da escravidão, uma das formas de luta dos escravos era a formação de **quilombos**.

Com o fim do trabalho escravo, muitos africanos e seus descendentes continuaram a ocupar os antigos quilombos, formando as comunidades quilombolas. Essas comunidades estão espalhadas pelo Brasil, no campo e nas cidades.

Os quilombolas desempenham diversas atividades, como agricultura, pesca e artesanato, empregando conhecimentos ensinados de pais para filhos. No artesanato com **capim dourado**, por exemplo, são coletadas apenas as plantas mais velhas, conservando as mais jovens para colheitas futuras.

quilombo: comunidade formada por escravizados que fugiam dos locais onde trabalhavam, que recebiam doação de terras ou que conseguiam sua liberdade e compravam terras.
capim dourado: espécie de planta que possui uma fibra de cor dourada utilizada na produção de diversos objetos.

Mulher quilombola tece cesto com capim dourado na comunidade de Mumbuca, no município de Mateiros, no estado do Tocantins, em 2014.

Caiçaras

São comunidades formadas principalmente por descendentes de indígenas e dos colonizadores portugueses que dominaram as terras do atual litoral do Rio de Janeiro, de São Paulo e do Paraná. Sua principal atividade de trabalho é a pesca, feita de maneira **artesanal**, que respeita o ciclo de vida dos animais.

Os caiçaras enfrentam dificuldades para manter seu modo de vida, principalmente por causa do turismo, que atrai muitas pessoas para a região que habitam e leva à ocupação de áreas para a construção de casas, provocando a derrubada de árvores e a poluição do mar e dos rios, por exemplo.

artesanal: atividade feita manualmente, com o uso de equipamentos simples.

Pescadores caiçaras no litoral do município de Parati, no estado do Rio de Janeiro, em 2015.

Seringueiros

Suas comunidades obtêm o sustento por meio da Floresta Amazônica, na região Norte do Brasil, utilizando suas habilidades e seus conhecimentos para extrair o **látex** de árvores chamadas seringueiras. Para manter os **seringais**, os seringueiros enfrentam grandes desafios, como a luta pela manutenção de áreas com floresta, que, além de fonte de renda, é fonte de alimentos. Isso porque é comum que as matas sejam derrubadas para a utilização da madeira ou para a plantação e a formação de pastagem para criação de animais.

látex: líquido leitoso, esbranquiçado, utilizado para fabricação de borracha.
seringal: área com grande concentração de seringueiras.

Extração do látex da seringueira, no município de Xapuri, no estado do Acre, em 2015.

Ribeirinhos

Vivem próximo de rios, principalmente nos estados do Amazonas e do Pará. Constroem suas casas em palafitas, e sua principal atividade é a pesca. Trabalham também na agricultura, na caça e na extração de produtos da floresta, como frutos, sementes e fibras utilizadas na produção de vários objetos.

As comunidades de ribeirinhos que vivem em áreas mais próximas das cidades enfrentam muitas dificuldades para sobreviver, principalmente por causa da poluição dos rios.

Secagem de folhas de palmeira curuá no quintal de uma casa de ribeirinho no município de Belterra, no estado do Pará, em 2017. Essas folhas são usadas para cobrir as casas.

Castanheiros

Os castanheiros vivem principalmente da coleta da castanha-do-pará, semente de uma árvore muito alta (castanheira), abundante na Floresta Amazônica. Essa semente está dentro do fruto da castanheira, chamado de ouriço, que tem casca dura e pode conter até 20 castanhas-do-pará. Para obter as sementes, os castanheiros quebram o ouriço com um facão.

Castanheiros no município de Laranjal do Jari, no estado do Amapá, em 2017.

A castanha é utilizada como alimento, e o óleo extraído dela é usado na produção de xampus, sabonetes e condicionadores para cabelos.

Em algumas comunidades, a coleta da castanha-do-pará é feita tanto pelos homens como pelas mulheres. Os castanheiros passam dias na floresta quebrando os frutos e retirando as sementes, que são transportadas nas canoas até os locais de comercialização.

A preservação dessa atividade de trabalho depende da existência da floresta, onde a árvore de que coletam o fruto cresce naturalmente. Por isso, as comunidades de castanheiros lutam pela conservação das áreas florestais.

1 O modo como povos e comunidades tradicionais realizam o trabalho prejudica a natureza? Explique.

_____

_____

_____

2 Cite exemplos das dificuldades enfrentadas por povos e comunidades tradicionais para manter seus modos de vida e suas atividades de trabalho.

_____

_____

_____

3 Onde você vive há povos e comunidades tradicionais? Quais?

_____

_____

Vamos falar sobre...

A importância da união das pessoas

Com a destruição cada vez mais intensa da natureza, povos e comunidades tradicionais vêm enfrentando muitas dificuldades. Na luta pelo direito de manter seus modos de vida, continuar ocupando as terras que habitam e conservar a natureza, da qual dependem, esses grupos vêm se unindo.

Um exemplo são os povos e comunidades tradicionais do Maranhão. Periodicamente, eles se reúnem para discutir problemas em comum e encontrar soluções. O principal motivo do encontro promovido pela Teia de Povos e Comunidades Tradicionais do Maranhão é o fortalecimento para lutar pela conservação de suas terras e de seus modos de vida.

- Dê outro exemplo de que a união das pessoas as torna mais fortes e capazes de conquistar seus objetivos.

Vamos retomar

1 Observe a cena na ilustração a seguir.

a) Circule, na cena, duas atitudes de desperdício.

b) Para cada situação que você assinalou na ilustração, sugira o que poderia ter sido feito para evitar o desperdício.

1. ....
....

2. ....
....

c) Cite ao menos mais um exemplo de atitude para evitar o desperdício de água e alimentos.

....
....
....

2 Com um colega, faça no caderno uma lista de atividades de trabalho que vocês observam no município onde vivem. Depois, escrevam se ela ocorre no campo, na cidade ou em ambos os espaços.

Unidade 7

Autoavaliação

Vamos pensar sobre o que você aprendeu nesta unidade?
Marque com **X** a opção que melhor represente sua resposta a cada pergunta abaixo.

	😃	🤔	😕
1. Você reconhece características do trabalho na cidade e no campo?			
2. Você concluiu que os recursos da natureza são essenciais em todas as atividades humanas?			
3. Você reconhece a importância da conservação da água?			
4. Você identifica modos de vida de alguns povos e comunidades tradicionais do Brasil?			
5. Você reconhece que povos e comunidades tradicionais do Brasil enfrentam dificuldades?			

Sugestões

Para ler

- **Olívia e os índios**, de Betty Mindlin. São Paulo: Scipione, 2013.

  Este livro conta a experiência de Olívia, neta da autora, uma menina da cidade que vai viver um tempo com indígenas na Floresta Amazônica.

- **O menino que gostava de pássaros (e de muitas outras coisas)**, de Isabel Minhós Martins. São Paulo: Ática, 2013.

  Ao perceber que nem todas as pessoas cuidavam do planeta, Ricardo desiste de se preocupar com a economia de luz, água e combustível. Porém, um dia o menino fica tão impressionado com um pássaro que volta a cuidar da natureza, amá-la, respeitá-la e se ver como parte dela.

UNIDADE

8

As paisagens

Nesta unidade você vai:

- Reconhecer o que é paisagem.
- Diferenciar paisagens com predomínio de elementos naturais de paisagens com predomínio de elementos culturais.
- Explicar que as paisagens são transformadas pela ação da natureza e dos seres humanos ao longo do tempo.
- Concluir que as paisagens humanas evidenciam diferenças nas condições de vida das pessoas.
- Construir a maquete do trecho de um bairro.
- Elaborar uma representação plana com legenda com base em uma maquete.

1. O que você sente ao observar cada uma destas fotografias?
2. Que diferenças você observa entre as paisagens mostradas nas duas fotografias?
3. Alguma destas paisagens se parece com o lugar onde você vive? Qual?
4. Em sua opinião, as paisagens retratadas nestas fotografias sempre foram assim? Explique sua resposta.

1. Paisagem de trecho do campo com cultivo de cana-de-açúcar no município de Teresina, no estado do Piauí, em 2015.
2. Paisagem de trecho da cidade de Cornélio Procópio, no estado do Paraná, em 2017.

Delfim Martins/Pulsar Imagens

1

Sergio Ranalli/Pulsar Imagens

2

113

Diferentes paisagens

As fotografias a seguir retratam paisagens do Brasil. Observe que nelas é possível identificar diferentes elementos, naturais e criados pelo ser humano.

1 Cachoeira Véu da Noiva, na chapada dos Guimarães, no estado de Mato Grosso, em 2015.

2 Plantação de morangos em pequena propriedade rural do município de Tocos do Moji, no estado de Minas Gerais, em 2016.

3 Centro histórico da cidade de Lençóis, no estado da Bahia, em 2016.

4 Vista da baía de Guanabara, na cidade do Rio de Janeiro, no estado do Rio de Janeiro, em 2017.

1 Com um colega, preencha o quadro com base nas fotografias da página anterior.

Fotografia	Elementos naturais	Elementos criados pelo ser humano
1		
2		
3		
4		

2 Converse com os colegas e o professor e depois responda:

a) Em qual das fotografias há mais elementos naturais? ....

b) De que modo a natureza está presente na fotografia 4? Explique.

....

c) A fotografia 3 retrata a cidade de Lençóis em determinado momento do ano de 2016. Se o fotógrafo tivesse feito outra fotografia exatamente do mesmo local no dia de hoje, ela seria igual à fotografia 3? Por quê?

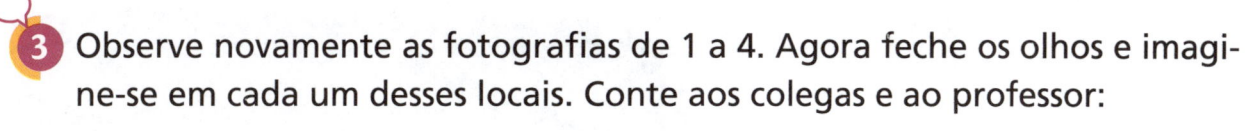

....

....

....

3 Observe novamente as fotografias de 1 a 4. Agora feche os olhos e imagine-se em cada um desses locais. Conte aos colegas e ao professor:

- Você sente frio ou calor?
- Que cheiros e ruídos devem existir?
- Que outras sensações você tem?

As transformações das paisagens

Nas fotografias da página 114 vimos paisagens rurais (do campo) e paisagens urbanas (da cidade), formadas por elementos criados pelo ser humano e por elementos naturais.

Paisagem é o conjunto de elementos do espaço que podemos ver e perceber em um local, em determinado momento. A água, o ar, a luz solar e a vegetação natural, são chamados **elementos naturais**. Já os elementos criados pelo ser humano, como plantações, máquinas, construções e iluminação elétrica, são os **elementos culturais**.

As paisagens estão em constante transformação. Em um momento, carros e pessoas podem fazer parte de uma paisagem; em outro, esses elementos podem não estar mais ali. Em determinada hora pode estar nublado e chovendo, e logo depois a chuva pode parar e fazer sol. Essas são mudanças breves, provocadas pela circulação de pessoas e veículos e pelas condições do tempo atmosférico, por exemplo.

Outras mudanças, porém, ocorrem ao longo de vários dias, meses e anos. Observe a pintura e a fotografia abaixo. Que mudanças você identifica na paisagem?

Vista da lagoa do Boqueirão e do aqueduto de Santa Teresa, de Leandro Joaquim, cerca de 1790 (óleo sobre tela de 86 cm × 105 cm).

Vista dos arcos do aqueduto no bairro da Lapa, na cidade do Rio de Janeiro, no estado do Rio de Janeiro, em 2016.

Unidade 8

Observe as fotografias abaixo.

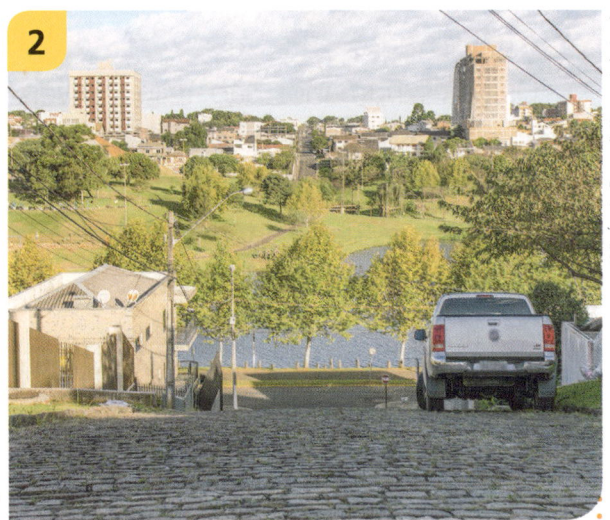

Trecho da cidade de Guarapuava, no estado do Paraná, no inverno de 2013 na fotografia 1 e no verão de 2016 na fotografia 2.

Ponte Maurício de Nassau na cidade de Recife, no estado de Pernambuco, entre 1928 e 1930 na fotografia 3 e em 2017 na fotografia 4.

Converse com os colegas e o professor.

1. O que provocou as mudanças observadas nas paisagens retratadas nas fotografias 1 e 2? Explique.

2. O que provocou as mudanças observadas nas paisagens retratadas nas fotografias 3 e 4? Explique.

3. Onde você vive, ocorrem mudanças como as que você observou nas fotografias 1 e 2 e nas fotografias 3 e 4? Explique.

Paisagens naturais e culturais

Os seres humanos são responsáveis por grandes mudanças nas paisagens. Com seus conhecimentos e seu trabalho, as pessoas modificam as paisagens de acordo com suas necessidades: derrubam árvores, plantam, constroem prédios, estradas, viadutos, desviam o curso de rios e muito mais.

> **Leia**
>
> A Cidadela: o Sesc Pompeia de Lina Bo Bardi

Atualmente, são poucas as **paisagens naturais**, ou seja, aquelas onde predominam elementos naturais. A maior parte do nosso planeta apresenta paisagens onde predominam os elementos construídos ou modificados pelo ser humano, chamadas **paisagens culturais**.

As paisagens culturais e as paisagens naturais – que vêm sendo modificadas ao longo dos anos – se encontram na **superfície terrestre**. É nela que o ser humano vive e realiza suas atividades.

Vista aérea do município de Palmas, no estado do Tocantins, em 2017. É possível notar trechos do espaço urbano (paisagem cultural) e a serra do Lajeado ao fundo (paisagem natural).

1 Observe estas fotografias e leia as legendas com atenção.

1 Rodovia atingida por terremoto na cidade de Tachileik, em Mianmar, no sul da Ásia, em 2011.

2 Túneis no município de Florianópolis, no estado de Santa Catarina, em 2017.

Unidade 8

a) Que transformações os seres humanos provocaram nessas paisagens? Onde você vive, também ocorrem modificações como essas? Explique.

b) Na fotografia 1, a paisagem foi alterada pela ação humana, mas também por um fenômeno natural. Que alteração é essa e qual fenômeno natural a provocou?

2 Divida uma folha de papel sulfite ao meio traçando um fio. Depois, siga os passos seguintes para realizar a atividade:

1. Escolha um dia da semana e desenhe, no lado esquerdo da folha, em detalhes, a paisagem que você observa de uma janela de sua casa. Lembre-se de incluir os elementos naturais e os elementos culturais dessa paisagem. Anote o dia e o horário.

2. Em um dia de final de semana ou feriado, vá até a mesma janela e desenhe, no lado direito da folha, a paisagem observada. Anote o dia e o horário.

3. Apresente seu trabalho aos colegas e ao professor. Ao comentar o seu desenho, mencione as diferenças que você observou e quem as causou: seres humanos ou natureza.

Pesquisa: paisagens naturais e culturais

O que pesquisar: imagens de paisagens pouco transformadas ou que ainda mantêm somente elementos naturais, e paisagens que foram muito transformadas pela ação humana.

Onde pesquisar: revistas, jornais e internet.

Para finalizar: Cole as imagens em uma folha à parte. Identifique cada uma delas, anotando o tipo de paisagem (natural ou cultural) e o local. Apresente sua pesquisa para os colegas e juntos montem um painel sobre a diversidade de paisagens existentes na Terra.

Paisagens e condições de vida

Para ir de sua moradia até a escola ou a moradia de parentes e amigos, você percorre caminhos variados e provavelmente passa por diferentes bairros. Você já observou que as paisagens desses lugares são diferentes?

No dia a dia, os meios de comunicação também nos apresentam diferentes paisagens. Às vezes, existem diferenças bem acentuadas nas paisagens de uma mesma cidade ou até no mesmo bairro, principalmente nas cidades grandes. Observe a fotografia.

Moradias precárias, em primeiro plano, e edifícios de apartamentos de alto padrão, ao fundo, na cidade do Recife, no estado de Pernambuco, em 2016.

1 Converse com os colegas e o professor: Como deve ser a vida dos moradores dos dois tipos de moradia apresentadas nas fotografias? Você acha que, vivendo na mesma cidade, eles têm as mesmas condições de vida? Explique.

Vamos falar sobre...

Desigualdade social

Você sabe o que é desigualdade? Desigualdade é tudo o que não é visto ou tratado com as mesmas condições. A desigualdade social, por exemplo, acontece quando as pessoas de uma sociedade vivem em condições de vida muito diferentes umas das outras. A desigualdade social pode ser percebida pela observação das paisagens.

1. Em sua opinião, quais são as condições necessárias para as pessoas viverem bem?

2. A desigualdade social demonstra também que, muitas vezes, nem todas as pessoas conseguem o que é necessário para viver com dignidade. Explique.

Não é só nas grandes cidades que observamos diferenças como as que você acabou de ver na fotografia da página anterior. Em cidades pequenas e no campo isso também ocorre.

Há locais, por exemplo, que oferecem boas condições de moradia, serviços de energia elétrica, água encanada, telefonia, entre outros. Neles, as pessoas vivem com qualidade de vida. Em outros, contudo, não há essas condições, e as pessoas também sofrem pela falta de transporte, hospitais ou postos de saúde, por exemplo.

Leia
Favela

Moradia precária no espaço rural do município de Petrolina, no estado de Pernambuco, em 2016.

Moradias em boas condições no espaço rural do município de Belo Vale, no estado de Minas Gerais, em 2016.

2 No lugar onde você vive é possível observar diferenças na paisagem, como as que aparecem nas fotografias desta página e da anterior? Dê exemplos.

Representar o mundo

Da maquete à representação plana

Você conhece bem as paisagens do bairro onde fica a escola em que você estuda?

Em grupos, vocês vão fazer uma maquete das ruas próximas à escola, incluindo elementos naturais e construídos pelo ser humano. Sigam as instruções.

Material necessário

- Sucata: caixas de fósforo vazias, tampas plásticas, embalagens de papelão, potinhos e copinhos plásticos, etc.
- Uma base (placa de isopor, folha de papel-cartão ou um pedaço de madeira compensada)
- Lápis, borracha, tesoura de pontas arredondadas e régua
- Cola adequada ao material escolhido para a base
- Tinta guache de cores variadas
- Folhas de papel crepom de cores variadas

Procedimento

1. Com o professor, façam uma saída de observação pelo quarteirão onde está a escola. Anotem no caderno os elementos que vocês observarem: casas, estabelecimentos comerciais, prédios, praças, sinais de trânsito, etc. Lembrem-se de anotar também os elementos naturais existentes, como rios, morros, mar, vegetação, entre outros.

2. De volta à sala de aula, façam um levantamento da sucata disponível e decidam como será representado cada elemento observado. Por exemplo, se o prédio da escola é maior que as casas, usem uma caixa maior para a escola e caixas menores para as casas. As árvores podem ser representadas por palitos de sorvete e papel crepom, por exemplo.

3. Com a ajuda do professor, tracem o desenho das ruas que compõem o quarteirão sobre a base, começando pela rua da escola.

4. Coloquem sobre a base o material escolhido para representar a escola e os demais elementos observados durante a saída. Depois de conferirem se escolheram os materiais adequados para representar os elementos combinados e se estão nos locais corretos, colem os outros materiais.

5. Após a secagem, pintem a maquete.

6. Exponham a maquete em um lugar onde a comunidade escolar possa ver.

Exemplo de maquete produzida com sucata por crianças de uma escola do município de Cabaceiras, no estado da Paraíba, em 2015.

- Em grupo e com a orientação do professor, façam uma representação das ruas do bairro da escola na visão vertical. Para isso, observem a maquete de cima para baixo e representem, em uma folha à parte, o que estão vendo. Comecem pelo traçado das ruas, depois representem construções, árvores e outros elementos. Façam uma legenda, criando símbolos para cada elemento representado.

Vamos retomar

1 Numere as fotografias de acordo com o que as crianças estão vendo da sua janela.

1 DA MINHA JANELA EU VEJO MUITOS ELEMENTOS NATURAIS.

2 DA MINHA JANELA EU VEJO MUITOS ELEMENTOS CULTURAIS.

2 A partir do que você aprendeu na unidade e observou nas fotografias acima, responda:

a) O que é paisagem?

_____

_____

b) Qual é a diferença entre paisagem natural e paisagem cultural?

_____

c) Como é a paisagem que você vê da janela de sua moradia e como é a paisagem que você vê no caminho para a escola? Elas se parecem mais com qual das fotografias desta página?

124 Unidade 8

Autoavaliação

Vamos pensar sobre o que você aprendeu nesta unidade?
Marque com **X** a opção que melhor represente sua resposta a cada pergunta abaixo.

	😄	🤔	😐
1. Você reconhece o que é paisagem?			
2. Você diferencia paisagens com predomínio de elementos naturais de paisagens com predomínio de elementos culturais?			
3. Você consegue explicar que as paisagens são transformadas pela natureza e pelos seres humanos ao longo do tempo?			
4. Você concluiu que as paisagens humanas refletem diferenças nas condições de vida das pessoas?			
5. Você conseguiu construir a maquete do trecho de um bairro?			
6. Você conseguiu elaborar uma representação plana com legenda a partir de uma maquete?			

Sugestões

Para ler

- **A Cidadela: o Sesc Pompeia de Lina Bo Bardi**, de Daniel Almeida e Rogério Trentini. São Paulo: C4, 2015.

    O olhar atento de um arquiteto conduz os olhares curiosos de crianças para paisagens famosas de cidades brasileiras. Neste livro, você vai conhecer o Sesc Pompeia, uma antiga indústria que se transformou em local de lazer na cidade de São Paulo.

- **Favela**, de Dílvia Ludvichak. São Paulo: Mundo Mirim, 2016.

    Neste livro, Pepeu, um garoto que mora em uma favela, mostra que, apesar das dificuldades enfrentadas, a vida nessas comunidades tem muita alegria e esperança.

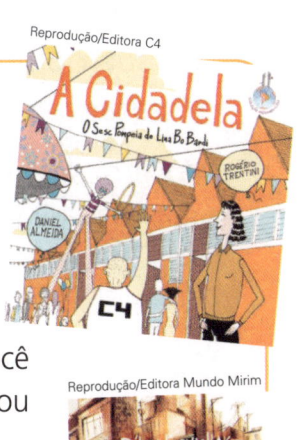

UNIDADE 9

O ambiente

Nesta unidade você vai:

- Concluir que na natureza todos os elementos interagem entre si e dependem uns dos outros.
- Identificar diferentes tipos de poluição e suas consequências para o ambiente.
- Reconhecer os prejuízos do desperdício, principalmente da água.
- Dar exemplos de maneiras de evitar o desperdício.
- Identificar problemas causados pelo lixo eletrônico e a importância de seu destino correto.
- Identificar atitudes para a diminuição da geração de lixo.

1. O que você sente ao observar estas fotografias? Por quê?
2. Em sua opinião, quais as consequências das situações retratadas nas fotografias?
3. Você observa as situações aqui retratadas no lugar onde vive? Dê exemplos.

1. Homem lava calçada e parte da rua no município de São Paulo, no estado de São Paulo, em 2014.
2. Poluição do ar provocada por indústria no município de Volta Redonda, no estado do Rio de Janeiro, em 2015.

1

2

127

O ser humano e o ambiente

O ser humano atua sobre a superfície terrestre, provocando diversas alterações e modificando as paisagens para atender às suas necessidades e interesses. Mas quais são as consequências disso?

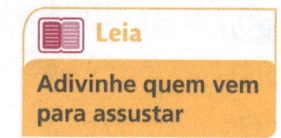

Leia
Adivinhe quem vem para assustar

1 Observe as fotografias. Depois, converse com os colegas e o professor sobre as questões a seguir.

À esquerda, peixes no rio Santo Antônio, no município de São Roque de Minas, no estado de Minas Gerais, em 2014. À direita, araras-vermelhas no Cerrado, no município de Jardim, no estado de Mato Grosso do Sul, em 2017. Essas aves se alimentam de coquinhos da bocaiuva, palmeira comum nessa formação vegetal.

a) O que aconteceria se indústrias e moradias despejassem esgoto não tratado no rio da fotografia 1?

b) O que poderia acontecer aos animais da fotografia 2 se a vegetação fosse destruída?

Na natureza, todos os elementos interagem entre si e dependem uns dos outros. Por exemplo: se o esgoto não tratado for jogado em um rio, a qualidade de suas águas fica comprometida, afetando a vida dos animais e vegetais. Se uma floresta é desmatada, entre outras consequências, as espécies animais e vegetais podem desaparecer e as nascentes dos rios podem secar, pois as plantas ajudam a manter a água no solo. É como se cada elemento da natureza fosse uma peça de um grande quebra-cabeça: se uma peça faltar ou estiver danificada, o conjunto ficará prejudicado.

Transformar sem destruir

> **Assista**
> O Lorax: em busca da trúfula perdida

Os seres vivos, o ar, a água, o solo e a luz do Sol (além de outros elementos naturais) e os elementos construídos pelo ser humano (vias de circulação, automóveis, plantações e construções, por exemplo), bem como as relações entre eles, formam o **ambiente**. Como vimos, a maneira como o ser humano se relaciona com o ambiente afeta as condições de vida de todos os seres vivos. Observe as fotografias a seguir.

Queimada provocada pela ação humana para abertura de pasto na Floresta Amazônica, no município de Tucumã, no estado do Pará, em 2016.

Lixão a céu aberto, à beira de uma rodovia, no município de Belmonte, no estado da Bahia, em 2016.

As modificações feitas pelo ser humano no ambiente podem trazer prejuízos a todos os seres vivos. As fotografias acima são exemplos disso: a destruição de florestas pode causar, entre outras consequências, a extinção de espécies animais e vegetais e o esgotamento dos recursos naturais; a grande produção de lixo e sua deposição inadequada podem poluir as águas e o solo.

Mas será que podemos nos relacionar de outra forma com o ambiente, sem causar prejuízos? Por meio de algumas ações, o governo pode reduzir os danos ao ambiente. Entre essas ações estão: implantar a coleta seletiva de lixo, fiscalizar e multar empresas que poluem o ar ou a água, instalar redes de tratamento de água e esgoto e fiscalizar áreas florestais.

Além dos governantes, todos nós podemos colaborar com a conservação do ambiente. Várias são as maneiras: votar em candidatos com boas propostas ambientais, exigir ações dos governantes, evitar o desperdício de alimentos, água e energia, colaborar com a coleta seletiva, consumir apenas o necessário, comprar produtos de empresas responsáveis com o ambiente.

Poluição

De modo geral, dizemos que há poluição quando determinadas substâncias são lançadas de forma excessiva no ambiente, ocasionando danos à qualidade do ar, da água e do solo, afetando a vida dos seres vivos.

As indústrias fabricam grande parte dos produtos consumidos atualmente no campo e na cidade, empregam grande número de trabalhadores, elaboram itens que facilitam e melhoram a vida das pessoas, como computadores, *smartphones*, equipamentos médicos, medicamentos, entre outros. O veículo é um tipo de produto industrial que traz contribuições para a sociedade, já que transporta pessoas e mercadorias de forma bastante rápida. As máquinas e os produtos industriais também vêm possibilitando um aumento significativo na produção agrícola.

No entanto, para funcionar, as máquinas das indústrias e os veículos emitem grandes quantidades de gases que alteram a composição do ar e prejudicam a saúde dos seres humanos e dos outros seres vivos.

Emissão de gases poluentes por caminhão no município de Maceió, no estado de Alagoas, em 2015.

A produção industrial gera, ainda, grandes quantidades de esgoto e contribui para o aumento do volume do lixo (por meio da geração de resíduos industriais e do estímulo ao consumo – com maior produção, as pessoas consomem mais). O lançamento de esgoto sem tratamento, a destinação inadequada de lixo e o uso de produtos químicos nas plantações sem os cuidados necessários poluem as águas de rios, lagos, mares e oceanos. As águas subterrâneas também podem ser contaminadas.

O uso de agrotóxicos e outros produtos químicos nas plantações pode contaminar o solo e os alimentos nele cultivados, além de atingir as águas de rios, tornando-as impróprias para o consumo e prejudicando outros seres vivos que dependem delas, como os peixes. Observe a fotografia da próxima página.

Avião agrícola pulveriza agrotóxico em plantação de milho no município de Rondonópolis, no estado de Mato Grosso, em 2015.

Além da poluição da água, do ar e do solo, existem a poluição sonora e a poluição visual. Especialmente nas grandes cidades, esses tipos de poluição podem afetar a qualidade de vida das pessoas.

O excesso de letreiros, cartazes, luminosos e faixas polui visualmente o ambiente. Esses elementos alteram a paisagem, provocando cansaço visual e irritação nas pessoas. Já o barulho intenso, provocado por equipamentos, máquinas e veículos, pode afetar a audição, entre outros problemas.

Poluição visual na cidade de Anápolis, no estado de Goiás, em 2015.

1 Você identifica algum tipo de poluição onde vive? Qual?

....

2 De que maneira a poluição afeta o ambiente e as pessoas?

....

....

Troca de ideias

- O que você acha que precisaria ser feito para solucionar os problemas ambientais no lugar em que você vive?

Desperdício

Leia abaixo o trecho de uma crônica.

> Hoje de manhã, enquanto levava meu filho para a escola, assisti a diversas cenas de desperdício.
>
> Rua após rua, homens e mulheres usavam mangueiras para lavar calçadas e carros com jorros e jorros de água potável.
>
> Nos primeiros casos cheguei a diminuir a velocidade do meu carro para sinalizar aos dissipadores que não deveriam estar fazendo aquilo. Mas eles olhavam, sem entender o que eu queria passar com os gestos… e continuavam com as torneiras abertas.
>
> Nos casos seguintes, desisti.
>
> Só olhava, desolado, toda aquela água preciosa escorrendo pela calçada, pelas sarjetas…
>
> […]
>
> SOUSA, Mauricio de. **A água nossa de cada dia**. Disponível em: <http://turmadamonica.uol.com.br>. Acesso em: abr. 2018.

1. Há palavras do texto que você não conhece? Quais? Converse com os colegas e o professor.

2. A crônica acima trata do desperdício de qual recurso natural?

3. Qual atitude descrita na crônica está causando esse desperdício?

4. Que outras atitudes podem causar desperdício de água?

A água é um recurso natural fundamental para todos os seres vivos. Mas ela não é inesgotável, ou seja, a água apropriada para o consumo pode acabar.

Existem muitas maneiras de evitar o desperdício de água. Conheça algumas delas.

Como podemos utilizar melhor a água

Atividade: escovar os dentes

Tempo: 5 minutos.

Consumo de água com a torneira aberta: 12 litros.

Sugestões para economizar: manter a torneira fechada durante a escovação e enxaguar a boca usando um copo de água.

Consumo de água adotando as sugestões: 1 litro.

Atividade: tomar banho com chuveiro (elétrico)

Tempo: 15 minutos.

Consumo de água com o chuveiro aberto: 45 litros.

Sugestões para economizar: fechar o chuveiro enquanto se ensaboa e diminuir o tempo para 5 minutos.

Consumo de água adotando as sugestões: 15 litros.

Atividade: lavar o carro

Tempo: 30 minutos.

Consumo de água usando a mangueira aberta: 216 litros.

Sugestão para economizar: usar um balde para molhar, ensaboar e enxaguar.

Consumo de água adotando a sugestão: 40 litros.

Atividade: lavar a louça

Tempo: 15 minutos.

Consumo de água com a torneira aberta: 117 litros.

Sugestões para economizar: limpar a louça antes de lavar e fechar a torneira enquanto a ensaboa.

Consumo de água adotando as sugestões: 20 litros.

SAAEB. **Dicas de economia**. Disponível em: <www.saaeb.com.br/>. Acesso em: abr. 2018.

5 Complete o quadro abaixo para descobrir quanta água economizamos se adotarmos as recomendações dadas na página anterior. Veja o modelo.

	Consumo de água com desperdício	Consumo de água sem desperdício	Quanto é possível economizar?
Escovar os dentes	12 litros	1 litro	12 – 1 = 11 litros
Tomar banho	45 litros	15 litros	
Lavar o carro	216 litros	40 litros	
Lavar a louça	117 litros	20 litros	

6 Cite outras atitudes que você pode adotar para economizar água.

_____

_____

7 Assim como a água, é preciso utilizar a energia elétrica com responsabilidade.

a) Marque com **X** a resposta correta. Em sua casa:

- A televisão fica ligada sem que ninguém a esteja assistindo?

    ☐ Sim, sempre.   ☐ Não, nunca.   ☐ Às vezes.

- Os cômodos ficam com a luz acesa, mesmo quando não há ninguém?

    ☐ Sim, sempre.   ☐ Não, nunca.   ☐ Às vezes.

- A máquina de lavar roupas é usada para lavar poucas peças por vez?

    ☐ Sim, sempre.   ☐ Não, nunca.   ☐ Às vezes.

- O computador fica ligado mesmo quando não é utilizado?

    ☐ Sim, sempre.   ☐ Não, nunca.   ☐ Às vezes.

- O ferro elétrico é ligado para passar uma única peça de roupa?

    ☐ Sim, sempre.   ☐ Não, nunca.   ☐ Às vezes.

b) Por que é importante economizar energia elétrica?

_____

_____

Veja estas dicas da Turma da Mônica para evitar o desperdício e cuidar do ambiente.

Campanha educativa produzida pelo estúdio Mauricio de Sousa Produções.

Vamos falar sobre...

Cuidar do ambiente

O desperdício e a poluição prejudicam o ambiente. Quando consumimos mais água, energia elétrica, alimentos e outros recursos e produtos de que necessitamos, retiramos mais recursos da natureza e geramos mais lixo. Quando poluímos os rios, os mares, o ar e o solo, prejudicamos a vida de plantas, animais e também do ser humano.

Mas é possível diminuir o desperdício e a poluição adotando algumas atitudes no dia a dia.

1. Pense em uma atitude que você, sozinho, pode adotar para:

    a) evitar o desperdício; b) evitar a poluição.

2. Agora, converse com seus familiares e pensem em ao menos uma atitude que vocês, juntos, podem adotar para:

    a) evitar o desperdício; b) evitar a poluição.

3. Conte aos colegas e ao professor que atitudes você e sua família tomam para cuidar do ambiente.

Ampliar horizontes

O lixo eletrônico

Com a ajuda do professor, leia esta reportagem de jornal.

Lixão eletrônico

Você já parou para contar quantos aparelhos eletrônicos tem em casa? E quando eles estão quebrados, velhos ou fora de uso: onde é que vão parar?

Luana P. S., 12, fez esse exercício e quase perdeu a conta. Só celulares já teve sete; computadores tem quatro. Sempre fica com os celulares que foram da mãe. Mas, a cada novo aparelho que ganha, larga os outros pela casa. "Sei que estão em algum lugar, só não sei onde."

Centro de reciclagem de lixo eletrônico em São Paulo, no estado de São Paulo, em 2014.

Sem contabilizar os aparelhos eletrônicos da casa inteira, Bruna Y. H. J., 11, soma oito equipamentos, entre computador, *videogame*, máquina fotográfica e celular. Mas tudo o que é velho não tem destino certo. "Tem eletrônicos que já foram para o lixo da cozinha."

Já José D. Z. V., 12, sabe que lixo eletrônico requer cuidados especiais. "Sei que os aparelhos têm partes que contaminam o solo e outras que demoram muito tempo para se decompor." […]

Não vá por este caminho

Os aparelhos eletrônicos têm elementos tóxicos, como o chumbo e o mercúrio. Se forem jogados no lixo comum, eles podem contaminar o solo e os rios. Fica difícil de algum bicho ou planta conseguir viver ali. Esses elementos também fazem mal para a saúde das pessoas, causando câncer e problemas respiratórios.

Vá por este caminho

Saiba como descartar os aparelhos que estão jogados pelos cantos da casa […]:

Direto da fábrica: Confira se a empresa que fez seu computador ou seu celular tem um programa para reciclar produtos usados. Algumas delas recebem os aparelhos que você não vai usar mais. […]

Plásticos e metais: Plásticos e metais são moídos e viram matéria-prima, que volta para as indústrias de reciclagem.

Telas de vidro: O vidro das telas dos computadores, por exemplo, vira uma farinha, que é mandada para fábricas de cerâmica.

Placas de computadores: Nem tudo é reciclado no Brasil. As placas de computadores vão para países como a Bélgica e podem ser usadas para fazer concreto.

THOMAZ, Paula; LOPES, Martha. Lixão eletrônico. **Folhinha**, São Paulo, 10 jun. 2010. Disponível em: <www1.folha.uol.com.br>. Acesso em: abr. 2018.

1 O que é lixo eletrônico?

2 Por que o lixo eletrônico lançado no ambiente é um sério problema?

3 Você e seus familiares costumam comprar novos aparelhos eletrônicos com frequência? Por que fazem isso?

4 O que você e seus familiares fazem com os aparelhos eletrônicos que não utilizam mais? De acordo com o texto, vocês dão o melhor destino para eles?

Reaproveitar em vez de descartar

Existem muitas maneiras de cuidar do ambiente em que vivemos. Uma delas é aproveitar melhor o que temos, gerando menos lixo e comprando somente aquilo de que precisamos. Afinal, você já pensou se tudo o que aparece nas propagandas da televisão e da internet lhe interessa de verdade?

Leia o texto abaixo e conheça uma maneira divertida de cuidar do ambiente.

Trocar pode ser mais divertido do que comprar...

[...] Muitas vezes famílias ou grupos de amigos organizam feiras de troca em espaços públicos como praças, igrejas ou parques. A ideia é muito simples: basta escolher um tema – roupas, material escolar, jogos, brinquedos, sapatos – e levar aquilo que não usamos ou não gostamos mais para trocar por outros itens. A única regra é querer trocar. [...]

INSTITUTO Alana e Ministério do Meio Ambiente. **Consumismo infantil:** na contramão da sustentabilidade. Série Cadernos de Consumo Sustentável. Disponível em: <http://criancaeconsumo.org.br>. Acesso em: abr. 2018.

Feira de troca de brinquedos, no município de Sorocaba, no estado de São Paulo, em 2014.

1. Você já participou de uma feira de troca? Se sim, conte aos colegas como foi. Se não, como você acha que é uma feira de troca?

2. Que outras atitudes você e sua família podem adotar para diminuir a quantidade de lixo e o consumo exagerado? Escreva pelo menos uma.

3 Leia o que disse uma menina de 10 anos na primeira vez que trocou seus brinquedos em uma feira:

> [...] Ao participar pela primeira vez da experiência de trocar brinquedos, Isabelle P., de 10 anos, se encantou com as bonecas que conquistou. "Para mim, mesmo usados, esses brinquedos são novos. Estou feliz com meu presente" [...].
>
> CRISTALD, Heloisa. Em 83 cidades, feira de troca de brinquedos estimula consumo consciente das crianças. **Agência Brasil de Comunicação**, out., 2013. Disponível em: <www.ebc.com.br>. Acesso em: abr. 2018.

a) Você concorda com a Isabelle? Por quê?

....

....

b) Converse com os colegas e o professor.

- Será que trocar um brinquedo usado por outro pode ser divertido?
- Que brinquedo você gostaria de encontrar em uma feira de troca? Por quê?

4 Que tal criar uma feira de troca na sua classe? Trocar livros e gibis que você já leu pode ser bem legal. Cada um de vocês traz um livro ou gibi e troca por outro. Assim, todos vão se divertir com novas histórias.

Conectando saberes

Água de todos e para todos

Você já sabe que a água é essencial para a vida de todos os seres vivos. Apesar de existir muita água na Terra, apenas uma pequena parcela dela pode ser usada para o consumo de pessoas e animais. Isso porque grande parte da água do nosso planeta é salgada, pois está nos oceanos.

Além disso, por causa do desperdício e da poluição, esse recurso natural vem se tornando cada vez mais escasso. Em alguns lugares do mundo, as pessoas não têm acesso a água de qualidade em quantidade suficiente.

Por isso, muitos artistas tratam desse tema, contribuindo para que as pessoas pensem sobre a importância da água potável para a vida. Veja alguns exemplos.

Pintado, de Eduardo Srur, 2017. A obra do artista Eduardo Srur é uma reprodução gigante de um peixe de água doce nativo da região do rio Pinheiros, o pintado. A obra se deslocava sobre as águas poluídas do rio Pinheiros, na cidade de São Paulo, no estado de São Paulo. À noite, lâmpadas que funcionavam com energia solar deixavam o peixe iluminado. O objetivo do artista era chamar a atenção das pessoas para a contaminação do rio e fazê-las pensar na relevância da água para a vida de todos os seres vivos. Fotografia de 2017.

Água, espetáculo teatral do grupo A Próxima Companhia. Esse espetáculo conta a história de uma trupe de palhaços que se aventura por oceanos e rios para recuperar a água que desperdiçaram depois de muitos banhos demorados. Fotografia de 2013.

Cartaz da animação **Rango**, direção de Gore Verbinski. Estados Unidos, 2011. Nessa animação, o Camaleão enfrenta vários perigos para sobreviver num cenário de escassez de água.

1. Converse com os colegas e o professor.

    a) Qual das manifestações artísticas desta página e da anterior mais chamou sua atenção? Por quê?

    b) De que forma essas manifestações podem ajudar as pessoas a pensar sobre a importância da água?

2. Em dupla, façam um desenho que tenha como objetivo estimular as pessoas a pensar na importância da água para os seres vivos e na escassez da água potável para os seres humanos. Depois, mostrem aos colegas e ao professor.

Vamos retomar

1 Crie um pequeno texto para esta fotografia usando as palavras **poluição** e **natureza**.

Lagoa do Peixe, no município de Tavares, no estado do Rio Grande do Sul, em 2017. Tanto as aves como os seres humanos retiram alimento da lagoa.

....

....

2 Nesta unidade você aprendeu que é possível diminuir os danos causados pela interferência do ser humano no ambiente. Em uma folha à parte, crie uma história em quadrinhos sobre esse assunto. Siga os passos:

a) Faça uma lista de algumas necessidades do ser humano.

b) Pense nos problemas que as ações do ser humano podem causar ao ambiente para atender às necessidades mencionadas acima.

c) Reflita sobre como esses problemas podem ser resolvidos.

d) Depois, crie uma história em quadrinhos sobre um dos problemas discutidos acima com alguma dica de como contribuir para a manutenção de um ambiente saudável para todas as pessoas.

SOUSA, Mauricio de. **Sustentabilidade Parte I**. Mauricio de Sousa Editora. p. 33.

Unidade 9

Autoavaliação

Vamos pensar sobre o que você aprendeu nesta unidade?
Marque com **X** a opção que melhor represente sua resposta a cada pergunta abaixo.

	😀	🤔	😕
1. Você concluiu que na natureza todos os elementos interagem entre si e dependem uns dos outros?			
2. Você sabe identificar diferentes tipos de poluição e suas consequências para o ambiente?			
3. Você reconhece os prejuízos do desperdício, principalmente da água?			
4. Você sabe dar exemplos de como evitar o desperdício?			
5. Você consegue identificar problemas causados pelo lixo eletrônico e a importância do seu destino correto?			
6. Você sabe identificar atitudes para a diminuição da geração de lixo?			

Sugestões

📖 Para ler

- **Adivinhe quem vem para assustar**, de Maurício Veneza. São Paulo: Formato, 2008.

    O Saci, a Cuca, o Curupira e a Boiuna, seres encantados do folclore brasileiro, se reúnem para conversar sobre a triste situação das matas do Brasil e sobre a atuação de um ser de arrepiar os cabelos: o ser humano. Ele destrói as matas, polui os rios, joga lixo em todo lugar, destruindo a natureza e seus encantos.

▶️ Para assistir

- **O Lorax: em busca da trúfula perdida**, direção de Chris Renaud. Estados Unidos, 2012.

    Em uma cidade linda, mas onde quase tudo é de mentira, o garoto Ted precisa juntar toda a sua coragem para ir em busca da última semente de uma árvore especial.

BIBLIOGRAFIA

ALMANAQUE Brasil Socioambiental. São Paulo: ISA, 2008.

ALMEIDA, Rosângela Doin de. *Cartografia escolar*. São Paulo: Contexto, 2007.

_____; PASSINI, Elza Y. *O espaço geográfico:* ensino e representação. São Paulo: Contexto, 2008.

_____. *Novos rumos da Cartografia escolar*. São Paulo: Contexto, 2011.

BRASIL. Ministério da Educação. *Base Nacional Comum Curricular*. Brasília, 2017. Disponível em: <http://basenacionalcomum.mec.gov.br/wp-content/uploads/2018/02/bncc-20dez-site.pdf>. Acesso em: abr. 2018.

CARVALHO, José Murilo de. *Cidadania no Brasil:* o longo caminho. Rio de Janeiro: Civilização Brasileira, 2014.

CAVALCANTI, Lana de Souza. *O ensino de Geografia na escola.* Campinas: Papirus, 2012.

CHIANCA, Rosaly M. B. *Mapas:* a realidade no papel. São Paulo: Ática, 1999.

CLARKE, Robin; KING, Jannet. *O atlas da água*. São Paulo: PubliFolha, 2005.

CONTI, José B. *Clima e meio ambiente*. São Paulo: Atual, 2013.

FAZENDA, Ivani (Org.). *O que é interdisciplinaridade?* São Paulo: Cortez, 2008.

FELIPE, Carlos; MANZO, Maurizio. *O grande livro do folclore*. 2. ed. Belo Horizonte: Leitura, 2004.

FERNANDES, José Alberto Rio; TRIGAL, Lourenzo López; SPÓSITO, Eliseu Savério. *Dicionário de Geografia.* Porto: Porto Editora, 2016.

FUNARI, Pedro Paulo; PIÑON, Ana. *A temática indígena na escola*. São Paulo: Contexto, 2011.

FURLAN, Sueli Angelo; NUCCI, João Carlos. *A conservação das florestas tropicais*. São Paulo: Atual, 1999.

GIANSANTI, Roberto. *O desafio do desenvolvimento sustentável*. São Paulo: Atual, 1998.

IBGE. *Atlas nacional do Brasil – Milton Santos*. Rio de Janeiro: IBGE, 2010.

_____. *Atlas geográfico escolar*. 7. ed. Rio de Janeiro: IBGE, 2016.

KABENGELE, Munanga (Org.). *Superando o racismo na escola*. Brasília: MEC, 2005.

KIMURA, Shoto. *Geografia no ensino básico*. São Paulo: Contexto, 2011.

KUPSTAS, Márcia (Org.). *Ecologia em debate*. São Paulo: Moderna, 1999.

_____. *Trabalho em debate*. São Paulo: Moderna, 1997.

MARTINELLI, Marcelo. *Gráficos e mapas:* construa-os você mesmo. São Paulo: Moderna, 1998.

MATTOS, Regiane Augusto. *História e cultura afro-brasileira*. São Paulo: Contexto, 2011.

MENDONÇA, Francisco; DANNI-OLIVEIRA, Inês Moresco. *Climatologia:* noções básicas e climas do Brasil. São Paulo: Oficina de Textos, 2007.

REBOUÇAS, Aldo. *Uso inteligente da água*. São Paulo: Escrituras, 2004.

RODRIGUES, Arlete Moysés. *Moradia nas cidades brasileiras*. São Paulo: Contexto, 1991.

ROSS, Jurandyr L. (Org.). *Geografia do Brasil*. 5. ed. São Paulo: Edusp, 2005.

SPOSITO, Eliseu. *A vida nas cidades*. São Paulo: Contexto, 1991.